LE

DROIT DES FEMMES

ET LE MARIAGE

DU MÊME AUTEUR

La Femme et le Droit. Étude historique sur la condition des femmes. Un volume, 3 francs. — Paris, *Pichon;* et Lausanne, *Rouge.* 1884.

Le Droit de la femme mariée sur le produit de son travail. (Avec annexes.) — Une brochure, 60 centimes. — Genève, *Stapelmohr.* 1893.

ÉVREUX, IMPRIMERIE DE CHARLES HÉRISSEY

LE
DROIT DES FEMMES
ET LE MARIAGE

ÉTUDES CRITIQUES DE LÉGISLATION COMPARÉE

PAR

LOUIS BRIDEL

Professeur à la Faculté de droit de Genève.

PARIS

ANCIENNE LIBRAIRIE GERMER BAILLIÈRE ET Cie

FÉLIX ALCAN, ÉDITEUR

108, BOULEVARD SAINT-GERMAIN, 108

1893

PRÉFACE

Parmi les « questions » qui s'imposent à notre époque, celle du *Droit des Femmes* occupe une des premières places.

On peut en détacher, comme formant un chapitre à part, ce qui concerne la condition légale de la femme dans la famille.

Il y a, dans ce domaine, de véritables iniquités à faire disparaître et de nombreuses vieilleries à reléguer dans l'ombre de l'histoire.

Certains pays sont plus arriérés que d'autres à cet égard : la France notamment, dont la législation se montre tout à fait inférieure lorsqu'il s'agit de la femme en présence de l'homme, et la plupart des cantons de la Suisse.

C'est ce qui ressort avec évidence de la comparaison des lois actuellement en vigueur dans les divers pays de notre monde occidental.

A l'œuvre donc pour la réforme du droit matrimonial, au nom de la justice !

Telles sont les idées qui ont donné naissance aux quelques études dont se compose le présent volume.

Louis Bridel.

Genève, juin 1893.

LE

DROIT DES FEMMES

ET LE MARIAGE

I

LE MOUVEMENT FÉMINISTE

Les questions relatives au « droit des femmes » sont à l'ordre du jour, et le *féminisme* gagne du terrain d'année en année dans tous les pays civilisés : un mouvement qui se manifeste de bien des manières différentes.

Depuis le célèbre petit volume de John-Stuart Mill sur *l'Assujettissement des femmes*, un livre qui constitue comme l'ouverture des débats sur ce sujet, des publications en grand nombre ont paru, toute une littérature. Parmi les écrits les plus récents sur la matière, on peut signaler entre autres : *la Femme et le Socialisme* du député allemand M. Bebel, les derniers ouvrages de M. Charles Secrétan, le vénéré philosophe du canton de Vaud, et les travaux de plusieurs juristes contemporains, sans parler des multiples productions dues à la plume de nombreux publicistes.

Des associations se sont fondées un peu partout : les unes en vue des droits politiques de la femme, d'autres pour l'amélioration de sa condition économique, d'autres encore afin de garantir au sexe féminin une protection plus efficace au point de vue des mœurs, ou simplement pour donner aux femmes l'occasion de se réunir et de se porter secours mutuellement, d'autres enfin pour la réforme du droit matrimonial. Énumérer ces différentes associations, dans les divers pays, nous entraînerait trop loin ; il suffit d'avoir constaté le fait.

Mais le mouvement féministe ne se manifeste pas seulement par des « revendications », sous une forme ou sous une autre. Des réformes en faveur de la femme ont été effectivement opérées, ces dernières années, par les parlements de plusieurs États.

Ce n'est pas ici le lieu de dresser un inventaire des mesures dont il s'agit. Impossible toutefois de ne pas mentionner, à titre de symptôme particulièrement significatif, la véritable révolution juridique effectuée en Angleterre par les lois de 1870 et de 1882 : lois qui ont donné à la femme mariée une indépendance légale qu'elle est loin de posséder encore dans la plupart des autres contrées de l'Europe, spécialement en France, en Belgique et en Suisse.

Un autre fait à relever : les gouvernements commencent à prêter une oreille attentive à la voix des femmes et ne les considèrent plus comme une quantité négligeable. C'est ainsi, par exemple, que la fermeture de certains établissements aux règlements iniques a été obtenue des autorités, en divers endroits, par des femmes dont la persévérance et l'énergie ont fini par se faire écouter.

C'est ainsi encore, pour prendre un exemple d'une autre espèce, qu'on voit actuellement s'élever à Chicago un « palais des femmes » qui doit abriter une exposition des produits du travail féminin dans tous les genres ; et cela, grâce à une subvention considérable du gouvernement des États-Unis. A Paris déjà, lors de l'exposition universelle de 1889, le patronage officiel avait été accordé à un « congrès des œuvres et institutions féminines ».

Publications, associations, réformes légales plus ou moins importantes, intervention des gouvernements : tout autant de faits qui attestent clairement la force du féminisme.

Mais ce qui est plus caractéristique encore, ce qui témoigne peut-être le mieux de la puissance de ce mouvement et de la profondeur de ses racines, c'est l'attitude prise à cet égard par le socialisme et ses représentants autorisés.

Le congrès socialiste international de Bruxelles, en août 1891, à l'unanimité moins trois voix a voté la résolution suivante : « Le congrès invite les partis socialistes de tous les pays à affirmer énergiquement dans leurs programmes l'égalité complète des deux sexes, à demander qu'il soit concédé à la femme les mêmes droits civils et politiques qu'à l'homme et qu'on abroge toutes les lois qui mettent la femme en dehors du droit commun. »

Et le congrès du parti socialiste allemand réuni à Erfurt en octobre 1891, après avoir inscrit en tête de son programme « le suffrage universel sans distinction de sexes et la représentation proportionnelle », proclame quelques lignes plus loin « l'abrogation de toutes les dispositions légales qui infériorisent la femme par rapport à l'homme, au point de vue du droit public et du droit privé ».

On le voit : le féminisme est dorénavant à considérer comme un des articles fondamentaux du socialisme et de la société nouvelle qu'il aspire à organiser.

Les socialistes ne sauraient d'ailleurs prétendre au monopole de la sympathie pour la cause des femmes. Dans certains milieux essentiellement religieux, on commence à s'y montrer également fort attaché : jusqu'ici en se plaçant surtout au point de vue spécial des mœurs et de la moralité ; mais peu à peu d'une manière plus générale, en faveur du droit des femmes dans son ensemble.

Une place d'honneur revient tout naturellement ici à Mme Butler et à la « Fédération britannique et continentale », une association qui a suscité déjà un si grand nombre d'entreprises hautement profitables pour le sexe féminin.

Le rapprochement qui vient d'être fait entre une œuvre d'inspiration plutôt religieuse, bien que sans caractère confessionnel, et des manifestes purement socialistes, me remet en mémoire une parole d'Emile de Laveleye, ce grand esprit qui vient de s'éteindre et qui lui aussi était un féministe : « Dans tout chrétien il y a un socialiste, et dans tout socialiste il y a un chrétien. »

Christianisme fervent et socialisme convaincu : n'est-ce pas là que se trouvent les principales forces vives de la société contemporaine ? Bien entendu, il s'agit des chrétiens pour lesquels la charité et les œuvres de la charité ont le pas sur les questions de doctrine et les discussions théologiques ; et quant aux socialistes, j'entends parler de ceux pour lesquels la justice et les réformes qu'elle réclame prévalent et l'emportent sur les considérations purement politiques.

Le Socialisme et l'Évangile, la justice et la charité : si ces deux éléments viennent à se rejoindre et s'unissent au nom d'un principe supérieur, *l'action pour le Bien*, — quelles puissances de ce monde seraient en état de leur résister ? Certaines conjonctions peuvent être décisives pour l'humanité.

Mais d'antiques traditions et de nombreux préjugés opposent encore une assez forte digue à cette marée montante du féminisme, et la formule « droit des femmes » sonne aussi mal à l'oreille de bien des gens, que pouvait le faire jadis, pour les privilégiés de l'ancien régime, la formule « droits de l'homme ».

De telles préventions, il faut le reconnaître, sont entretenues par les manifestations auxquelles se livrent parfois certaines personnes qui se donnent pour les champions de la cause, et qui de la meilleure foi du monde se croient appelées à remplir ce rôle, manifestations intempestives ou ridicules qui choquent même des gens fort bien disposés d'ailleurs. Toutefois, le public en arrive peu à peu à étudier les questions en elles-mêmes et pour elles-mêmes, sans se laisser dérouter par des excentricités fâcheuses.

Il est cependant des préventions d'une espèce plus sérieuse, et qui méritent par conséquent un examen plus attentif.

Parmi les objections qu'on entend formuler contre le « droit des femmes », il en est une, en particulier, qui témoigne de préoccupations éminemment légitimes et qui ne saurait laisser indifférent quiconque a dans le cœur un sentiment d'amour ou de respect pour la vie de famille. — L'élargissement de la sphère des droits de la femme et de son activité l'amènera, dit-on, à négliger ses devoirs et la famille en pâtira.

Dominées par cette crainte, les personnes en question répètent volontiers qu'il ne faut pas tant parler à la femme de ses droits que de ses devoirs. — A quoi je répondrai que dans la mesure où la recommandation s'adresse aux deux moitiés de l'espèce humaine, elle est incontestablement juste et ne saurait être prise en trop sérieuse considération.

Il faut certainement que chaque individu soit, avant tout, pleinement pénétré de la valeur absolue de cet « impératif catégorique », dont l'illustre philosophe Kant nous a donné la formule et dont le Christ et le Bouddha ont enseigné la pratique. — Mais le *devoir* existerait-il donc uniquement pour la femme? Et au nom de quel principe viendrait-on prêcher à celle-ci une obéissance et une résignation qui ne seraient point également à l'usage de l'homme !

Cette crainte au sujet de l'affirmation des droits est du reste une crainte erronée. Augmenter les droits de la femme, ou plus exactement les reconnaître et les garantir, ne présente aucunement les inconvénients redoutés. C'est, tout au contraire, donner à la femme le meilleur moyen d'accomplir sa tâche en général, sa mission familiale en particulier ; c'est l'empêcher de s'endormir dans le sentiment de sa subordination et de son irresponsabilité relative.

Ce qui est à craindre, au point de vue de la famille et de l'ordre moral dans la société, ce n'est pas la femme qui a des droits, c'est celle qui n'en a pas : la femme aux yeux de laquelle le but essentiel de la vie consiste dans les futilités de la « mondanité », sous une forme ou sous une autre, conséquence naturelle d'une existence privée de droits.

Celui dont les droits sont formellement reconnus et légalement garantis, celui-là seul est une « personne », dans la véritable acception du terme, avec toutes les prérogatives et toutes les obligations attachées à cette royauté morale qui distingue l'être humain des autres créatures d'ici-bas.

Les vrais féministes n'entendent nullement arracher la femme à sa vocation naturelle. Ce qu'ils veulent et ce qu'ils demandent, c'est que la femme soit mieux armée et qu'elle soit mieux protégée, afin que la tâche qui lui est dévolue lui apparaisse dans toute sa grandeur et non point comme une servitude fatale au joug de laquelle il faut se résigner. Donner à la femme et lui garantir son droit : bien loin de la détourner de ses devoirs, c'est lui en faciliter l'accomplissement.

De l'esclave privé de toute indépendance ou de l'homme en pleine possession de ses droits individuels, lequel est le plus apte à remplir ses devoirs et le plus capable de travailler utilement pour autrui?

Jusqu'ici, nous avons parlé du « droit des femmes » tout à fait en général. Mais ce qu'on appelle communément ainsi est quelque chose d'éminemment complexe.

De même que la « question sociale » embrasse un grand nombre de problèmes plus ou moins distincts et pourtant connexes; la « question du droit des femmes », qui n'est elle-même qu'un chapitre ou une des faces de la question sociale, comprend elle aussi des subdivisions multiples.

Sous cet intitulé général se rangent, en effet, un

certain nombre de matières plus ou moins spéciales et relativement indépendantes les unes des autres. Ces différentes parties du sujet me paraissent pouvoir être distinguées de la manière suivante.

Il y a d'abord ce qu'on peut appeler le côté pédagogique de la question, c'est-à-dire tout ce qui a trait à l'éducation et à l'instruction des femmes. Vient ensuite la partie économique : carrières et professions, réglementation industrielle, salaires, etc. Puis un côté du sujet qui a pris une grande importance dans divers milieux, à savoir la revendication des droits politiques. Une autre partie comprend ce qui concerne les mœurs et les rapports des sexes hors mariage. Viendrait enfin le chapitre des droits civils et de la condition légale des femmes dans la famille.

Un rapide coup d'œil sur ces divers aspects du droit des femmes.

1° Question *pédagogique.* — De l'idée générale qu'on se fait de la femme comme être humain, dépendra naturellement le genre d'instruction et d'éducation qui lui sera donné. Il s'agit, en effet, de savoir si la femme a sa raison d'être en elle-même, autant du moins qu'une créature humaine peut être envisagée comme étant son propre but; ou bien si elle est de création secondaire et relative, faite pour l'homme et en vue de lui.

Au reste, cette question-là domine en réalité tout le débat : non seulement le point spécial de l'éducation et de l'instruction, mais le problème féminin dans son ensemble.

Si la femme trouve uniquement dans l'homme sa raison d'être et sa fin, il faut évidemment l'élever

« en vue de l'homme » : c'est à peu près ce qu'on a fait dans le passé. Si la femme, au contraire, est un être humain dans toute l'acception du terme, c'est-à-dire une véritable « personne », alors il faut la mettre à même d'arriver au développement le plus complet possible de son individualité : ce qu'on commence à faire aujourd'hui.

C'est ainsi que, dans plusieurs pays, les universités ont ouvert leurs portes à quiconque veut y entrer, sans distinction de sexes : en Suisse, en France, en Belgique, ailleurs encore ; et si nos voisins d'Allemagne ont résisté jusqu'ici, il est à croire qu'ils céderont bientôt au mouvement général.

A ce propos, on a discuté à perte de vue sur les aptitudes des femmes aux études supérieures : un débat qui restera parfaitement oiseux, semble-t-il, aussi longtemps qu'elles n'auront pas étudié en assez grand nombre et depuis assez longtemps pour que, sortant des discussions purement théoriques, on puisse observer les faits. — Et d'ailleurs, quand l'expérience viendrait à démontrer que peu de femmes ont les aptitudes nécessaires pour la haute culture, ce que les résultats obtenus jusqu'à présent paraissent démentir, ce ne serait pas encore une raison suffisante pour les mettre toutes à la porte. De quel droit l'État arrêterait-il dans son développement normal une seule supériorité possible à venir ?

A la question du droit à l'instruction supérieure se rattache assez naturellement celle du droit à l'exercice de certaines professions encore généralement fermées aux femmes, en Europe du moins. N'est-il pas singulier, vraiment, qu'on leur permette d'acquérir des connaissances pour leur refuser ensuite le droit de les utiliser, laissant ainsi tout le bénéfice de la situation à leurs compétiteurs du sexe masculin ?

Mais il s'agit ici d'un intérêt de l'ordre économique, beaucoup plus que d'une question relative au développement intellectuel ou moral et relevant de l'ordre pédagogique.

Je n'ai parlé que de l'instruction. Quant à l'éducation proprement dite, une seule observation : ce qu'on fait pour les garçons, il faut le faire également pour les filles ; la sœur ne doit pas être sacrifiée au frère, et celui-ci doit cesser d'être un privilégié de naissance, comme c'est trop souvent encore le cas.

2° Question *économique*. — Quelques mots seulement sur ce sujet si vaste et si compliqué.

Permettre les études supérieures aux femmes, c'est implicitement leur octroyer l'exercice d'un assez grand nombre de professions lucratives. C'est ouvrir un débouché à des facultés qui souvent aujourd'hui ne trouvent pas un emploi satisfaisant; c'est aussi désencombrer, dans une certaine mesure, les routes actuelles sur lesquelles s'entassent et s'écrasent des multitudes en quête d'un travail rémunérateur.

Si les femmes ne peuvent pas soutenir la concurrence de l'homme dans l'exercice de telle ou de telle carrière, si elles y sont décidément inférieures : elles renonceront assez d'elles-mêmes à vouloir s'en mêler, et pas n'est besoin de les éliminer par des mesures arbitraires parfaitement injustifiables.

Permettre les études supérieures aux femmes, et leur en faciliter l'accès par l'organisation d'un enseignement préparatoire qui les y conduise, c'est bien. Mais créer et développer des écoles professionnelles pour les femmes destinées aux métiers plus ou moins manuels, et réglementer un apprentissage qui complète ces écoles, serait chose plus urgente encore. On donnerait ainsi aux femmes des classes populaires le moyen d'affronter les difficultés de la vie dans des conditions moins défectueuses; et l'on contribuerait à les mettre à l'abri de ces chutes lamentables, essentiellement dues à la misère et que l'égoïsme masculin exploite d'une manière si abominable après les avoir causées.

Dans ce domaine, presque tout est encore à faire.

En revanche, on a commencé à s'occuper de la protection des femmes employées dans les fabriques. Au cours de ces dernières années, des lois ont été votées dans ce sens par le pouvoir législatif de plusieurs États de l'Europe.

Les mesures dont il s'agit consistent surtout dans la limitation des heures d'atelier et dans l'interdiction du travail de nuit, ainsi que pendant une période de quelques semaines avant et après les couches; mesures tutélaires qui ont leur bon côté, mais qui ne sont pas sans présenter aussi de graves inconvénients pour celles-là mêmes qui sont l'objet de cette sollicitude légale.

On en est effectivement venu à diminuer, de cette manière, la quantité de travail que la femme est admise à fournir. Les femmes en question sont ainsi placées artificiellement, et de par la loi, dans des conditions d'infériorité manifeste dans la lutte pour l'existence. Il semble que l'État leur devrait alors, en bonne justice, une compensation .pécuniaire proportionnée à l'interdiction du travail qui les concerne. — Condamner au repos, pendant quelques semaines, une femme qui va devenir mère ou qui vient d'accoucher, c'est fort bien. Mais si on la laisse mourir de faim pendant ce temps, le but même qu'on s'était proposé ne saurait assurément pas être considéré comme atteint !

Une protection, bonne ou mauvaise, n'est d'ailleurs accordée qu'à une catégorie relativement restreinte de femmes : les salariées de la grande industrie. Quant aux ouvrières isolées et quant aux domestiques, on n'a point encore songé à s'occuper d'elles. — La loi n'aurait-elle pas à intervenir dans ce domaine?

Est-il admissible, par exemple, que sous prétexte du respect de la « liberté des contrats », une servante puisse être tenue à travailler, jour après jour, quinze ou seize heures sur vingt-quatre; qu'elle soit logée dans un réduit parfois insalubre, à deux pas des pièces confortables réservées à la famille dont elle est censée faire partie; et que, si la maladie survient en suite de l'existence qui lui est faite, elle puisse être congédiée sans indemnité ? Il y a là une exploitation inadmissible du travail humain, lequel quoi qu'on dise, ne saurait être assimilé à une pure et simple marchandise.

La situation de nombreuses filles de magasin et apprenties est souvent pire encore que celle des domestiques. Et la loi devrait intervenir, ici également, pour rétablir l'équilibre entre les deux plateaux de la balance, dans l'un desquels la puissance résultant de la richesse a jeté son épée.

Si nous avions à faire une étude spéciale du droit des femmes au point de vue économique, nous aurions à parler encore de bien des choses, notamment de la question des salaires. A ce sujet, rappelons seulement le principe fondamental : « A travail égal, salaire égal. »

Les faits répondent-ils à ce qui doit être? Demandez-le à tant de femmes qui peinent du matin jusqu'au soir et qui, pour un travail identique à celui de l'homme, doivent se contenter d'une fraction de ce que reçoit ce dernier. — Il appartient à l'État de donner le bon exemple, dans ce domaine, en rétribuant ses fonctionnaires et employés de l'un et de l'autre sexes conformément à la formule ci-dessus énoncée, qui est celle de l'équité même.

3° Les *droits politiques.* — Il est une autre face de la question qui a pris une grande importance dans certains milieux et dans certains pays, en Angleterre spécialement et aux États-Unis ; c'est la revendication des droits politiques.

A cet égard, nous serons brefs.

Deux tendances, plus ou moins divergentes, partagent les féministes sur ce point.

Pour les uns, aucune amélioration sérieuse et durable ne saurait être apportée au sort des femmes aussi longtemps qu'elles n'auront pas obtenu le droit d'éligibilité, ou tout au moins le droit de suffrage : conquête préalable et indispensable, garantie nécessaire de tout le reste.

Les autres sont d'avis qu'une réforme de ce genre, à supposer qu'elle doive s'effectuer, ne peut être que le terme et le couronnement de toute une série de transformations antérieures plus urgentes et plus faciles à réaliser.

Je me rattacherais plutôt à cette dernière manière de voir. En définitive, pour le sexe masculin, les droits politiques ne sont venus qu'après les droits civils. Pourquoi en serait-il autrement pour les femmes, qui ont encore à conquérir leurs droits sur tant de points dans ce dernier domaine ?

Toutefois, je ne puis m'empêcher de croire qu'une certaine participation des femmes aux affaires publiques, sous une forme ou sous une autre, serait de nature à exercer une heureuse influence dans nos démocraties, où le cabaret joue un rôle trop souvent prépondérant et franchement déplorable au point de vue de la famille et de la société en général. Resterait à déterminer de quelle façon et dans quelle mesure il conviendrait d'organiser les choses pour le plus grand bien de tous.

A propos des droits politiques, une remarque.

La représentation proportionnelle, dont on parle beaucoup en Suisse et ailleurs, est assurément un principe de toute justice. Mais parler de « suffrage universel » et de « représentation des minorités », alors que la moitié du genre humain reste exclue de toutes les combinaisons et ne doit pas avoir son mot à dire,... n'est-ce pas fort étrange ? pour ne rien dire de plus. — En inscrivant dans son programme « le suffrage universel sans distinction de sexes et la représentation proportionnelle » le parti socialiste allemand s'est montré tout autrement logique. Là, du moins, on se trouve en présence d'un principe, et d'un principe nettement formulé.

Mais laissons de côté ces questions politiques. Il est, semble-t-il, des réformes plus urgentes.

4° *Hors mariage.* — Une autre partie essentielle de la question du droit des femmes concerne les rapports des sexes hors mariage et l'intervention nécessaire de la loi dans ce domaine.

Nous ne ferons que signaler, en passant, quelques points, sans pouvoir développer ce sujet d'une manière conforme à son importance capitale.

La jeune fille est-elle suffisamment protégée par la loi contre les entreprises de l'homme? Une enfant de quatorze ou de quinze ans doit-elle être légalement abandonnée, à cet égard, comme c'est le cas d'après un grand nombre de législations? La loi, qui garantit avec un soin minutieux les intérêts pécuniaires des mineurs, n'a-t-elle pas le devoir d'étendre sa protection sur des biens qui sont infiniment plus précieux? — Attentats aux mœurs et séduction doivent être l'objet de dispositions légales dictées par un esprit absolument différent de celui qui a inspiré tant de législations et très particulièrement le Code pénal français de 1810.

Au point de vue du droit civil, nous demanderons encore s'il est juste et normal que les conséquences des rapports intersexuels hors mariage pèsent uniquement sur la femme, l'homme restant le plus souvent sans responsabilité légale effective? — L'article 340 du Code civil français, pour préciser le point dont il s'agit, n'est-il pas une honte pour la France et pour les quelques pays qui n'en ont pas extirpé le principe de leur propre codification?

Une autre question. N'est-il pas souverainement inique de condamner de pauvres filles-mères pour cause d'infanticide, alors que — je ne dirai pas le complice, mais l'auteur premier de toute cette misère n'est point inquiété par la loi, comme s'il n'avait rien à se reprocher, et qu'il peut tranquillement recommencer ailleurs? — Que la loi poursuive donc et qu'elle frappe le premier coupable, celui sans la faute duquel rien ne serait arrivé.

Et l'infâme institution qui porte le nom fallacieux de « police des mœurs »... Voilà bien le domaine où se pratique de la façon la plus scandaleuse l'exploitation du sexe féminin, au mépris de toute justice et de toute honnêteté !

Mais nous ne pouvons nous arrêter plus longtemps sur des questions au sujet desquelles il y aurait tant de choses à dire, tant de réclamations à faire entendre : l'un des points fondamentaux de la question sociale tout entière ; car il s'agit ici non seulement des droits de la femme en présence de l'homme, mais de la femme pauvre aux prises avec l'homme des classes relativement riches de la société.

Aux politiciens jouisseurs et sceptiques, grands coureurs de popularité, comme à tous ceux qui n'ont qu'indifférence pour les iniquités sociales qui les entourent, opposons sans nous lasser la parole d'affranchissement et de bonne nouvelle : Abrogation de toutes les lois qui mettent la femme en dehors du droit commun ! Abrogation de toutes les dispositions légales qui infériorisent la femme par rapport à l'homme !

5° Les *droits civils*. — Nous arrivons à un dernier chapitre, à celui des droits civils, dont la partie la plus importante concerne la condition légale de la femme dans le mariage.

La famille est volontiers considérée comme le domaine propre des femmes, comme la raison d'être de leur existence et le but même de leur activité. On pourrait donc s'attendre à les trouver, là du moins en possession des droits qui leur appartiennent rationnellement et dans une condition légale conforme à ce qui doit être.

Un examen quelque peu attentif des principales législations de l'Europe nous montre qu'il est loin d'en être ainsi, notamment dans certains pays qui se croient fort avancés en libéralisme, tandis qu'ils sont au contraire parmi les plus arriérés dans ce domaine. Les pays que nous avons spécialement en vue sont la France, la Belgique et la Suisse.

Dire et répéter : il n'y en a point comme nous ! cela ne change absolument rien à la réalité des choses. Or il suffit de comparer où nous en sommes, dans les trois pays susmentionnés, avec ce qui existe ailleurs, pour acquérir la conviction peu réjouissante qu'en fait de droit matrimonial nous sommes très loin d'être à la tête de la civilisation, malgré tous les principes démocratiques dont on se plaît à faire un si fréquent étalage !

Effacement de la personnalité de la femme, légalement assujettie à la *puissance maritale*, avec toute espèce de conséquences plus ou moins fâcheuses; *incapacité* qui en résulte pour elle dans les divers actes de la vie civile ; les *biens* que la femme apporte en mariage le plus souvent soustraits à son propre pouvoir, en vertu des dispositions relatives au régime légal ; ce qu'elle *gagne* par son activité personnelle appartenant à son mari, comme le produit du travail d'un esclave appartient à son maître ; les droits de la *mère* sacrifiés à ceux du père. La femme, en général, mariée ou non, incapable de figurer en qualité de *témoin* dans un testament, ainsi que dans un acte de mariage, de naissance ou de décès ; incapable d'exercer la *tutelle* ou de faire partie d'un conseil de famille, sauf en ce qui concerne ses propres enfants.

Aussi longtemps que la femme n'aura pas obtenu justice dans le domaine du droit civil, aussi longtemps que la place qui lui revient à bon droit dans la famille ne lui aura pas été garantie : elle parviendra moins encore à obtenir justice dans les autres domaines, et particulièrement en ce qui concerne les rapports des sexes hors mariage. — Le chapitre des droits civils est, par conséquent, d'une importance primordiale; c'est, à bien des égards, la première partie de toute la question du droit des femmes, celle où des réformes s'imposent en premier lieu dans nos législations.

Partiellement réalisées ailleurs que chez nous, les réformes dont il s'agit ne sont nullement chimériques ou dangereuses, comme on se l'imagine parfois. Combien de gens qui vivent à cet égard sur un fonds d'idées purement conventionnelles, ne sachant en réalité absolument pas de quoi il s'agit quand on parle du « droit des femmes », et qui se prononcent énergiquement pour le maintien du *statu quo*, sans savoir le moins du monde en quoi consiste l'état actuel des choses !

Nous avons été devancés par beaucoup de nations : l'Italie, les pays Scandinaves, la Russie, l'Angleterre surtout, les États-Unis cela va sans dire. — N'est-ce pas le cas de dire : « Examinez toutes choses et retenez ce qui est bon ! » Quand une heureuse réforme, grande ou petite, a été effectivement opérée quelque part, que les autres pays prennent modèle et se l'approprient.

Peut-être quelques personnes penseront-elles que la réforme des lois est chose moins importante et moins urgente que la réforme des mœurs et de l'opinion publique. La législation peut être mauvaise, dira-t-on, et cependant les choses n'être pas au pire; tandis qu'avec des lois excellentes la situation peut laisser beaucoup à désirer et les choses aller fort mal en réalité.

Il y a quelque chose de vrai dans cette manière de voir : Les populations les plus saines, au point de vue des mœurs en général, ne sont pas toujours celles qui ont la meilleure législation; et, d'autre part, de mauvaises lois ne prouvent pas nécessairement un état d'infériorité réelle quant aux mœurs.

Toutefois, les dispositions légales sont bien loin d'être indifférentes, et le fait d'une bonne législation, animée d'un esprit de justice et respectueuse des droits de chacun, est certainement d'une très grande importance. Tout d'abord, pour les personnes qui souffrent directement de l'imperfection des lois; car il y a des victimes des mauvaises lois, et qui sont d'autant plus « victimes » que nul recours ne leur est possible auprès des autorités chargées de rendre la justice, celles-ci ne pouvant faire autre chose que d'appliquer la loi telle qu'elle est.

L'importance de la législation est considérable encore à cause de l'action qu'elle exerce sur la formation de l'opinion et des mœurs. Que la loi traite la femme en créature inférieure et subordonnée, ou bien comme un être dont la valeur est égale à celle de l'homme : cela n'est évidemment pas indifférent au point de vue du respect dont elle sera entourée.

La loi n'est pas seulement l'expression des mœurs

d'une époque ou d'un pays, ainsi que l'école historique aime à nous représenter les choses. Ce n'est pas une simple « résultante ». La loi joue le rôle d'un agent, et c'est parfois un agent très puissant en matière de formation des mœurs et de l'opinion, pour le bien comme pour le mal.

Pour nombre de personnes, en effet, une disposition légale devient une règle de conduite, ou tout au moins une espèce de *criterium* appréciatif de certaines actions, contribuant ainsi pour sa part, dans une mesure plus ou moins forte, à l'éducation sociale et à la direction de l'opinion publique.

Réformer les lois, c'est travailler à la réforme des individus et de la société.

Il est une prétendue philosophie, suivant laquelle les affaires de ce monde marcheraient et se dérouleraient sans que nous y puissions rien par notre intervention. Erreur funeste et coupable ! Nous devons y mettre la main, et nous y pouvons quelque chose.

Nous sommes tenus d'agir pour la réalisation du bien : en travaillant sur nous-mêmes, autour de nous, pour le prochain et pour l'humanité. C'est notre devoir. C'est aussi la meilleure manière de donner un but à notre vie et à notre activité.

Agir pour la réalisation du Bien ! Or l'une des faces du bien c'est la justice, qui est comme le côté social de l'idée du bien.

Les temps où nous vivons ne sont pas gais. Mais ils sont mieux que cela. — Que le mot d'ordre soit : pour la justice et pour la liberté ! mais, avant tout, pour la justice ! le principe social par excellence, le fondement de cette société nouvelle à l'avènement de laquelle tous les gens de bien doivent concourir et peuvent collaborer, chacun dans la mesure de ses forces.

Justice pour les petits, les faibles et les déshérités de ce monde! Justice pour toutes les victimes des iniquités d'ici-bas, à commencer par la femme!

II

LA FIDÉLITÉ CONJUGALE ET L'ADULTÈRE

« Les époux se doivent mutuellement fidélité, secours, assistance. » — Ainsi s'exprime l'article 212 du Code civil français, au début du chapitre qui traite des droits et des devoirs respectifs des époux.

C'est aussi ce que statuent en termes analogues, si ce n'est identiques, toutes les législations du monde occidental. Inutile d'accumuler des textes. L'idée qu'ils renferment est partout la même : le mariage implique une communauté de vie et d'intérêts aussi complète que possible, et la fidélité conjugale est l'une des premières obligations qui doivent en résulter.

Mais si toutes nos législations sont d'accord pour édicter le devoir de fidélité, elles présentent des divergences considérables sur la manière de comprendre cette obligation et de la sanctionner.

La violation la plus grave du devoir dont il s'agit, la seule en réalité qui puisse donner lieu à une intervention de la loi, c'est l'adultère. A cet égard, les différentes législations modernes contiennent, pour la plupart, une double sanction qui appartient d'une part au droit civil et d'autre part au droit pénal ou répressif. Ces deux faces de la question doivent être nettement distinguées.

La sanction civile du devoir de fidélité se manifeste en ce que l'adultère de l'un des époux est un motif de divorce ou de séparation de corps pour son conjoint. Quant à la sanction de l'ordre pénal, elle consiste dans la répression de l'infidélité par une peine plus ou moins grave.

Les articles de loi relatifs à l'adultère sont au nombre des règles caractéristiques du droit de famille, de ces règles dont l'examen fait comprendre et pénétrer l'esprit qui anime une législation en matière matrimoniale. Comparer les dispositions légales actuellement en vigueur à ce sujet, dans les principaux pays de l'Europe, est chose non seulement curieuse et intéressante, mais d'une utilité incontestable au point de vue des réformes nécessaires dans cette partie de la législation.

Nous commencerons par un aperçu de la situation en droit civil, pour examiner ensuite avec un peu plus de détails le côté pénal de la question et les solutions diverses qui lui ont été données. — Je laisserai d'ailleurs complètement de côté les dispositions qui concernent le « complice » de l'infidélité conjugale, ainsi que d'autres points qui n'intéressent pas directement la personne même des deux conjoints, ou dont l'importance est relativement secondaire. Ce n'est pas d'une étude sur l'adultère en général qu'il s'agit ici, mais seulement au point de vue de ses conséquences légales pour le mari et pour la femme.

CONSÉQUENCES CIVILES DE L'INFIDÉLITÉ

Parmi les motifs qui peuvent être invoqués pour fonder une demande en divorce ou en séparation de corps, le premier et le plus important, à bien des égards, c'est le fait de l'adultère : un fait pour la dénomination duquel la langue allemande possède l'expression significative de *Ehebruch*, rupture du mariage.

Le divorce est actuellement admis, pour cette cause et pour d'autres encore, par le plus grand nombre des législations de l'Europe. Dans les pays où il n'a pas été introduit jusqu'ici, la séparation de corps en tient lieu. — Tel est le cas de l'Italie, de l'Espagne, du Portugal, de l'Autriche et de la Hongrie (pour les catholiques), de la Pologne russe. Partout ailleurs, le divorce figure aujourd'hui dans la loi : soit comme une institution parallèle à la séparation de corps, soit comme l'unique remède légal à la désunion des ménages.

La plupart des législations modernes ne font pas de différence entre les deux époux, au point de vue qui nous occupe ; c'est-à-dire qu'elles considèrent l'infidélité du mari comme un motif de divorce ou de séparation pour la femme, aussi bien que l'infidélité de la femme comme un motif de divorce ou de séparation pour le mari. Mais il n'en n'est pas partout de même, certaines législations établissant au profit du mari une inégalité de traitement plus ou moins prononcée.

A. *Pays d'inégalité.*

Le système de l'inégalité était notamment celui du Code civil français de 1804, d'après lequel le mari pouvait toujours demander la séparation de corps (ou le divorce, jusqu'en 1816) pour cause d'adultère de sa femme; tandis que celle-ci ne pouvait faire valoir l'infidélité de son mari, pour arriver au même résultat, que si ce dernier avait « tenu sa concubine dans la maison commune », suivant les termes de l'article 230 (actuellement modifié).

Un système analogue subsiste aujourd'hui encore en *Belgique*, en *Italie*, en *Espagne* et dans le *Portugal :* des pays dont la législation a directement ou indirectement subi l'influence du Code français sur ce point. Toutefois, cette inégalité de traitement est moins prononcée en Italie que ce n'est pas le cas de la Belgique, où l'ancien article 230 du Code Napoléon est resté en vigueur.

D'après le Code civil italien de 1865 : « La séparation peut être demandée pour cause d'adultère ou d'abandon volontaire, et pour cause d'excès, de sévices, de menaces et d'injures graves. L'action en séparation pour adultère du mari n'est admise que s'il entretient la concubine dans la maison ou notoirement dans un autre lieu, ou s'il y a un concours de circonstances telles que le fait constitue une injure grave envers la femme. » Quelques autres causes de séparation sont encore indiquées (art. 148 à 158).

D'après le Code civil espagnol de 1889, la première cause de séparation de corps est « l'adultère de la femme en tous cas, et celui du mari quand il y a eu scandale public ou mépris de la femme » (art. 105), c'est-à-dire lorsque le mari abandonne complètement sa femme ou qu'il entretient une concubine soit dans le domicile conjugal, soit hors de ce domicile, mais avec scandale.

B. *Pays d'égalité.*

Le plus grand nombre des législations actuelles de l'Europe consacrent un système de complète égalité sur ce point, ne faisant aucune différence entre l'adultère de l'un ou de l'autre époux, en tant que motif de divorce ou de séparation de corps.

Il en est notamment ainsi : en *Suisse* (Loi fédérale du 24 décembre 1874, art. 46); en *Autriche* (Code. civil de 1811, art. 119 et 115), sauf pour les Juifs à l'usage desquels le Code autrichien contient des règles particulières (art. 135) ; en *Allemagne*, excepté dans le grand-duché de Baden, dont le Landrecht est une adaptation du Code civil français et dans lequel l'ancien article 230 a laissé des traces de sa rédaction primitive (voir le projet de Code civil allemand, art. 1441, et les « Motifs » IV, p. 582) ; dans les *Pays-Bas* (Code civil néerlandais, art. 264, 288) ; dans les *États Scandinaves ;* en *Russie ;* en *Roumanie*, et depuis quelques années aussi en *France*.

Dans ce dernier pays, cette égalité entre les époux n'existe que depuis la loi sur le divorce du 27 juillet 1884, loi qui a fait disparaître l'inégalité de traitement consacrée par l'ancien article 230 du Code civil. — La différence dont il s'agit s'est maintenue dans le droit français au point de vue pénal, tandis qu'elle a disparu du droit civil depuis 1884 : une étrange anomalie assurément.

Entre les deux groupes de législations dont nous avons parlé (pays d'égalité et pays d'inégalité), l'*Angleterre* occupe une position en quelque sorte intermédiaire, bien que la solution adoptée se rapproche davantage de celle qui a prévalu en Suisse, en Allemagne et dans la loi française de 1884, que de la solution donnée par le Code civil de 1804.

D'après le droit civil anglais, en effet, il y a égalité relativement à l'adultère quand il s'agit de séparation de corps, mais non pas lorsqu'il s'agit de divorce.

Tandis que le fait même de l'infidélité de la femme suffit, à lui seul, pour donner au mari le droit de demander le divorce, l'infidélité maritale n'est un motif de rupture pour la femme que si cette infidélité a été accompagnée de certaines circonstances particulièrement aggravantes (bigamie, inceste, viol, sodomie, cruauté, abandon, etc.). Mais en temps que motif de séparation de corps, institution parallèle au divorce d'après le droit anglais, la loi ne fait pas de différence entre l'infidélité de l'un ou de l'autre époux. (Voir Lehr, *Éléments de droit civil anglais.*)

Notons encore, en passant, que l'adultère est l'unique motif de divorce qui soit reconnu par la législation de l'Angleterre, plusieurs autres motifs pouvant être allégués pour aboutir à une séparation de corps. (Loi sur le divorce du 28 août 1857.)

CONSÉQUENCES PÉNALES DE L'INFIDÉLITÉ

Quittant le droit civil, si nous passons au droit pénal, nous distinguons aisément plusieurs systèmes : les uns fondés sur l'inégalité, bien qu'à des degrés divers; les autres reposant, au contraire, sur l'idée de l'égalité des droits de la femme et du mari dans ce domaine, avec des solutions qui ne se ressemblent d'ailleurs nullement.

On retrouve ainsi la division générale déjà suivie au point de vue civil, mais avec des variétés multiples provenant de divergences plus nombreuses.

A. *Pays d'inégalité.*

France. — Les dispositions du Code pénal français de 1810, non modifié sur ce point, sont les suivantes: « La femme convaincue d'adultère subira la peine de l'emprisonnement pendant trois mois au moins et deux ans au plus. Le mari restera le maître d'arrêter l'effet de cette condamnation, en consentant à reprendre sa femme. — Le mari qui aura entretenu une concubine dans la maison conjugale et qui aura été convaincu sur la plainte de sa femme, sera puni d'une amende de cent francs à deux mille francs. » (Art. 337 et 339.)

Pour compléter le tableau, il faut citer encore l'article en vertu duquel « le meurtre commis par l'époux sur son épouse, ainsi que sur le complice, à l'instant où il les surprend en flagrant délit dans la maison conjugale, est excusable » (324). L'excuse, d'où résulte une atténuation de la peine, n'est donc admise qu'en faveur du mari qui tue sa femme, et non de la femme qui tuerait son mari dans les mêmes circonstances : disposition qui ne figure plus dans la législation d'aucun autre pays civilisé.

Parmi les autres pays de l'Europe, il n'en est du reste pas un seul où se rencontre un ensemble de dispositions pénales aussi contraires à l'égalité, au détriment de la femme, en matière d'infidélité conjugale.

Belgique. — L'article du Code pénal belge de 1867 qui concerne la peine encourue par la femme adultère (387) est la reproduction pure et simple de l'article correspondant du Code français. En revanche, « Le mari convaincu d'avoir entretenu une concubine dans la maison conjugale sera condamné à un emprisonnement d'un mois à un an. La femme pourra arrêter l'effet de cette condamnation, en demandant l'élargissement de son mari » (art. 389). On voit que « l'amende » du Code français a été remplacée par un emprisonnement, en ce qui concerne le mari coupable.

Remarquons encore une autre différence entre les deux législations : « L'homicide, les blessures et les coups sont excusables, lorsque le crime ou le délit est commis par l'un des époux sur l'autre époux et son complice, à l'instant où il les surprend en flagrant délit d'adultère » (Code belge, art. 413.)

Une disposition analogue figure dans quelques autres codes pénaux ; mais, le plus souvent, cette cause d'excuse n'est pas expressément prévue par la loi et l'on applique, le cas échéant, les règles générales qui traitent de la « provocation ». Cela soit dit, pour ne plus revenir sur ce point.

Italie. — « La femme adultère sera punie de la détention pendant trois mois au moins et trente au plus. — Le mari qui aura entretenu une concubine dans la maison conjugale, ou même ailleurs si le fait est notoire, sera puni de la détention pendant trois mois au moins et trente au plus ; la condamnation entraînera comme conséquence la perte de la puissance maritale. — Si les conjoints étaient légalement séparés ou si l'un d'eux avait abandonné l'autre, la peine afférente aux délits prévus aux articles précédents sera pour chacun des coupables une détention pouvant s'élever à trois mois. » (Code pénal italien de 1890, art. 353, 354, 355.)

Ainsi, d'après la législation pénale de la France, de la Belgique et de l'Italie, on distingue entre l'adultère du mari et celui de la femme : ce dernier toujours passible d'une peine, alors que l'infidélité du mari n'est punissable que s'il a été accompagné de certaines circonstances aggravantes.

Aux trois États susmentionnés, il faut joindre encore l'*Espagne* (Code pénal, art. 452) et le canton du *Tessin* (Code pénal de 1873, art. 270, 271); ainsi que le *Portugal*, sauf erreur.

Mais tandis qu'en France l'adultère du mari n'entraîne jamais qu'une simple amende, dans les divers autres pays dont nous avons parlé, il est puni de la prison tout comme l'infidélité de la femme. Le droit italien contient de plus quelques autres dispositions relativement égalitaires et libérales, comparées à celles des Codes français, belge ou espagnol : égalité dans la durée de la peine prononcée, déchéance de la puissance maritale, etc.

B. *Pays d'égalité.*

Par opposition aux pays dont la loi pénale consacre une inégalité de traitement plus ou moins accentuée en cas d'infidélité, suivant qu'il s'agit de la femme ou du mari, les autres législations de l'Europe tiennent à cet égard la balance égale entre les deux époux.

Trois systèmes très différents sont d'ailleurs en présence, suivant les distinctions que voici :

Premier système ou premier groupe de législations : l'adultère est envisagé comme un délit, soit une infraction qui entraîne une peine, abstraction faite de ses conséquences possibles au point de vue civil.

Deuxième groupe : l'adultère n'est envisagé comme un délit, et n'est par conséquent passible de la loi pénale, que s'il a occasionné le divorce ou la séparation de corps des époux en cause.

Troisième groupe : l'adultère n'est pas un « délit », c'est-à-dire qu'il n'est point envisagé comme relevant au droit pénal.

PREMIER SYSTÈME

Nous rangerons ici les pays d'après la législation desquels l'adultère est considéré comme un délit, indépendamment de la question de savoir s'il a causé la rupture du mariage ou non : qu'il s'agisse d'ailleurs du mari ou de la femme, sans différence de traitement. Il en est ainsi en Autriche, dans les Pays-Bas, en Russie et dans le plus grand nombre des cantons de la Suisse (une douzaine de législations cantonales sur vingt-cinq).

Autriche. — L'époux coupable d'adultère est passible d'un emprisonnement d'un mois à six mois. Lorsque ensuite de l'adultère de la femme un doute peut s'élever relativement à la filiation d'un enfant, ce fait entraînera une aggravation dans la mesure de la peine (Code pénal autrichien de 1852, art. 502). — La disposition qui termine l'article en question contient un certain reste d'inégalité, très atténuée d'ailleurs, mais enfin l'égalité n'est pas aussi complète que dans les autres législations qui appartiennent à ce premier groupe.

Pays-Bas. — « La personne mariée qui commet un adultère est punie d'un emprisonnement de six mois au plus. » (Code pénal néerl. de 1881, art. 241.)

Suisse. — La législation pénale des cantons suivants s'est placée à un point de vue tout à fait semblable à celui du Code néerlandais : *Thurgovie* (Code pénal de 1841, art. 114 et 115); *Vaud* (Code pénal de 1843, art. 207); *Grisons* (Code pénal de 1851, art. 143); *Valais* (Code pénal de 1858, art. 210); *Lucerne* (Code pénal de police de 1861, art. 148); *Obwalden* (Code pénal de 1864, art. 70); *Berne* (Code pénal de 1866, art. 175); *Glaris* (Code pénal de 1867, art. 84); *Fribourg* (Code pénal de 1868, art. 398 et 400); *Zoug* (Code pénal de 1876, art. 98); *Appenzell extérieur* (Code pénal de 1878, art. 102); *Saint-Gall* (Code pénal de 1885, art. 181).

A titre d'exemple, voici ce que statue le Code pénal vaudois : « L'adultère du mari ou de la femme est puni par un emprisonnement qui ne peut excéder six mois ou par une amende qui ne peut excéder six cents francs. » Les dispositions des autres Codes susmentionnés sont analogues. (Voir Stoos : *Die schweizerischen Strafgesetzbücher*, p. 442 à 484.)

Russie. — D'après le Code pénal russe de 1866, toute personne mariée qui se rend coupable d'adultère est passible, sur la plainte de son conjoint, de détention dans un couvent, s'il y en a un de sa confession dans la localité; et, sinon, d'un emprisonnement de quatre à huit mois. — D'après le projet de Code pénal qui est actuellement en élaboration : « Est punissable de prison jusqu'à six mois l'époux qui se rend coupable d'adultère. » La commission de rédaction du dit Projet estime d'ailleurs que l'on ferait peut-être mieux de retrancher l'adultère du nombre des « délits », pour ne plus le considérer qu'au point seul de vue du droit civil, c'est-à-dire comme un motif de divorce.

DEUXIÈME SYSTÈME

La législation des pays qui constituent ce deuxième groupe ne considère l'adultère comme un délit, c'est-à-dire comme une infraction relevant du droit pénal, qu'autant que l'adultère dont il s'agit a été cause de divorce ou de séparation de corps. Dans ce cas, l'époux coupable (mari ou femme) est passible d'une peine ; mais dans ce cas seulement. Il en est ainsi en Allemagne, en Hongrie et dans quelques cantons de la Suisse.

Allemagne. — « L'adultère, lorsqu'il aura entraîné le divorce, sera puni, à l'égard du conjoint coupable et de son complice, d'un emprisonnement jusqu'à six mois. » (Code pénal allemand de 1870, art. 172.)

Hongrie. — « L'adultère sera puni au maximum de trois mois d'emprisonnement, lorsque par suite de l'adultère le divorce ou la séparation de corps auront été prononcés par jugement définitif ». (Code pénal hongrois de 1878, art. 246.)

Tel est est aussi le point de vue auquel se sont placées un certain nombre de législations cantonales suisses : *Zurich* (Code pénal de 1871, art. 117 et 118) ; *Bâle-ville* (Code pénal de 1872, art. 88) ; *Soleure* (Code pénal de 1885, art. 102) ; *Neuchâtel* (Code pénal de 1881, art. 284-287).

Nous pouvons nous borner à transcrire ici les dispositions du Code neuchâtelois, le plus récent des codes pénaux actuellement en vigueur en Suisse : « L'adultère du mari ou de la femme sera puni par l'emprisonnement jusqu'à six mois... Il ne sera donné suite à aucune plainte en adultère, si l'adultère n'a été préalablement constaté par un jugement civil, rendu sur la demande de l'époux offensé, à l'occasion d'une action en divorce. »

TROISIÈME SYSTÈME

Nous arrivons au troisième et dernier groupe : législations d'après lesquelles l'adultère n'est pas un « délit ». — Cause légitime de divorce ou de séparation de corps, l'adultère relève de la morale et du droit civil, mais il ne constitue pas une infraction passible d'une peine.

Il en est ainsi notamment en *Angleterre*, dans l'État de *New-York* (Code pénal de 1881), et dans le canton de *Genève* (dont le Code pénal de 1874 ne fait aucune mention de l'adultère). Il en était de même d'après la codification pénale française de 1791.

De toutes les législations pénales que nous avons passées en revue, la plus défavorable pour la femme c'est donc le Code français, dont les dispositions en cette matière, sont d'une iniquité révoltante et d'un ridicule achevé. Ce mari, convaincu d'avoir entretenu une concubine dans la maison conjugale, et qui s'en tire avec une amende... qu'il payera sans doute avec les revenus provenant des biens de sa femme, ou par le produit de la vente d'un meuble à elle appartenant! Franchement, c'est se moquer de toute justice.

Ne serait-il pas rationnel de revenir tout simplement, sur ce point, au droit de la Révolution ? Ou, si la solution admise en 1791 devait paraître inacceptable, si l'on estime que l'adultère doit figurer au nombre des infractions passibles de la loi pénale : que l'on suive alors l'exemple donné par tant d'autres législations qui traitent les deux conjoints d'une manière égale ; que l'on déclare, par exemple, l'adultère de l'un ou de l'autre époux punissable dans le cas où il aurait occasionné le divorce ou la séparation de corps.

La solution de 1791 et du droit anglais nous paraît toutefois préférable. En effet, s'il y a plainte après le prononcé du divorce ou de la séparation, ce n'est plus qu'une affaire de vengeance rétrospective, les époux étant désormais séparés ; et s'il y a plainte sans qu'il y ait divorce ou séparation de corps, l'union conjugale est elle-même gravement atteinte par l'emprisonnement de l'un des conjoints sur la demande de l'autre, et la vie commune ne se comprend plus.

Quoi qu'il en soit, il est temps pour la France de mettre le Code pénal en harmonie avec le Code civil, dont les dispositions ne consacrent plus aucune inégalité entre les époux en ce qui concerne le devoir de fidélité.

III

L'INCAPACITÉ DE LA FEMME MARIÉE

La question de la capacité civile de la femme mariée forme, en quelque sorte, le trait d'union entre les dispositions légales relatives à la subordination de l'épouse en général et celles qui concernent le régime quant aux biens.

Le sujet dont il s'agit est effectivement plus ou moins compliqué de ces deux autres chapitres du droit matrimonial, notamment de plusieurs points concernant le régime des biens : la capacité de la femme variant, dans de certaines limites, suivant qu'il y a communauté, dotalité, séparation de biens, ou que tel autre système est à la base du règlement des intérêts pécuniaires des conjoints.

Il importe cependant de distinguer ces différentes questions, malgré leur connexité positive. Et c'est à la capacité de la femme mariée que la présente étude doit être consacrée, abstraction faite du régime matrimonial quant aux biens.

Civilement capable avant d'être mariée, d'après plusieurs législations la femme devient incapable à partir du mariage.

Quand on parle de personnes juridiquement « incapables », on entend parler de personnes qui ne peuvent accomplir seules et par elles-mêmes la plupart des actes de la vie civile : vendre, acheter, s'obliger, s'adresser aux tribunaux, etc.

Tel est le cas des mineurs, des interdits pour cause d'aliénation mentale, et aussi, dans une certaine mesure, des personnes pourvues d'un curateur ou d'un conseil judiciaire.

Tel est également le cas des femmes mariées : ainsi du moins dans un grand nombre des pays de l'Europe, mais non pas dans tous.

Plus ou moins soumises à l'autorité d'une autre personne, chargée de les représenter ou de les assister dans tous les actes de la vie civile ou dans quelques-uns d'entre eux, ces différentes catégories d'incapables n'ont pas le libre et plein exercice de leurs droits civils. C'est ainsi que le tuteur est appelé à agir pour le compte du mineur, son pupille. Quant à la femme mariée, elle est placée sous puissance maritale, qui constitue comme une espèce de tutelle ou de curatelle d'un genre particulier.

Lors donc qu'il est question de l'incapacité de la femme mariée, il s'agit d'un état qui présente certaines analogies avec celui du mineur, la condition juridique de l'un n'étant d'ailleurs pas identique à celle de l'autre.

On comprend aisément la raison d'être de cette mise sous tutelle et de cette incapacité en ce qui concerne les mineurs et les interdits : ce sont de véritables incapables, des personnes qui ne sauraient se tirer d'affaire sans une assistance. Mais pourquoi cette incapacité de la femme mariée? Capable avant son mariage, pour quelle cause devient-elle incapable depuis? Ce n'est assurément pas que le mariage lui fasse perdre ses facultés antérieures, ni qu'elle ait réellement besoin d'être assistée pour des actes qu'elle pouvait auparavant faire seule en toute liberté.

A quoi donc tient cette incapacité? Serait-ce une conséquence inévitable et nécessaire de la situation créée par le mariage?

Avant de répondre à cette question et d'attaquer directement notre sujet, un certain détour me paraît nécessaire; détour qui, sans nous éloigner du but, nous permettra d'étudier le problème dont il s'agit en meilleure connaissance de cause.

Autrefois, dans plusieurs pays, ce n'étaient pas seulement les femmes mariées qui étaient traitées en incapables par la loi, mais bien toutes les femmes, en tant que femmes et parce que femmes : institution connue sous le nom de *Tutelle du sexe.*

Que l'idée dominante en cette matière ait été celle d'une infériorité du sexe féminin, ou bien celle de sa faiblesse relative, toujours est-il que, mariée ou non et quel que fût son âge, la femme était perpétuellement « sous tutelle » quant à sa personne et quant à ses biens.

Actuellement, la tutelle obligatoire du sexe a disparu de toutes nos législations occidentales. C'est une institution qui appartient à l'histoire; mais, pour certains pays, ce n'est pas de l'histoire bien ancienne.

En effet, cette espèce de tutelle s'est maintenue presque jusqu'à nos jours dans les États Scandinaves et dans une partie de la Suisse : dans le Danemark, jusqu'en 1857; en Suède, jusqu'en 1863; en Norvège, jusqu'en 1869 ; et dans quelques contrées de la libre Helvétie plus longtemps encore !

Dans le canton de Berne, jusqu'en 1847, toute fille majeure, toute femme veuve, divorcée ou séparée de biens devait être pourvue d'un « conseil judiciaire ». Il en fut de même dans le canton de Vaud jusqu'en 1873. Dans quatre ou cinq cantons, cet état de choses s'est perpétué jusqu'à une époque très rapprochée de nous. La loi fédérale de 1881 sur la capacité civile l'a enfin abolie d'une manière générale et définitive dans toute la Suisse.

La tutelle du sexe a donc disparu.

Tant qu'elle n'est pas mariée, et dès qu'elle ne l'est plus, la femme est civilement indépendante. Une fille majeure, une femme veuve ou divorcée peuvent agir sans avoir à requérir l'avis ou le consentement de qui que ce soit; au point de vue de la jouissance et de l'exercice des droits civils, leur capacité juridique est égale à celle de l'homme, sauf dans un petit nombre de cas exceptionnels.

C'est par le fait de son mariage que la femme devient plus ou moins incapable : non point parce qu'elle est femme, mais parce qu'elle est mariée.

Mais il est certains actes dont la femme est généralement encore incapable « en tant que femme ». Je ne parle bien entendu pas des droits politiques, mais de l'exercice de certains droits civils dont la femme est exclue d'après un grand nombre de législations : en France notamment, en Belgique et en Suisse.

Il ne s'agit du reste aucunement d'une incapacité d'où il résulterait pour la femme une mise sous tutelle, mais d'un simple amoindrissement de ses droits civils : la femme n'étant pas admise à faire certains actes ou à remplir certaines charges de l'ordre civil que la loi réserve au sexe masculin.

C'est ainsi que, sauf quelques exceptions, une femme ne peut être *tutrice* ni membre d'un conseil de famille. C'est ainsi encore que, d'après la plupart des législations, une femme ne peut figurer comme *témoin* dans les actes de l'état civil ni dans les testaments ou autres actes notariés, les témoins « instrumentaires » devant être du sexe masculin.

Bien que la double incapacité dont il s'agit concerne la femme en tant que femme, et qu'elle n'ait directement rien à faire avec l'incapacité spéciale de la femme mariée, nous en dirons cependant quelques mots, estimant qu'une digression de ce genre se justifie d'elle-même sans qu'il soit besoin de longues explications. — Mais c'est une digression.

1° *Incapacité relative à l'exercice de la tutelle.*

D'après le plus grand nombre des législations, les femmes sont exclues de l'exercice de la tutelle, sauf exception généralement admise en faveur de la mère et le plus souvent aussi en faveur des aïeules. (Code civil français, art. 442.)

Il y a quelques autres exceptions encore dans un certain nombre de pays.

C'est ainsi que, en Italie, une *sœur* germaine non mariée peut être nommée tutrice par le conseil de famille, aussi bien qu'une ascendante. (Code civil italien, art. 268.) Une disposition analogue se rencontre en Espagne, en ce qui concerne la tutelle des aliénés et celle des sourds-muets. (Code civil esp., art. 220.)

D'après plusieurs législations, une femme peut être nommée tutrice de son mari interdit pour cause d'aliénation mentale. Ainsi notamment en France (art. 507). En Italie, cette sorte de tutelle appartient de plein droit à l'épouse (art. 330). Il en est de même en Espagne (art. 220).

En vertu des articles 361 et suivants du Code civil français, une femme peut adopter; elle peut aussi se charger d'une « tutelle officieuse » en vue d'une adoption future.

D'après le projet de Code civil allemand, une femme peut être désignée comme tutrice par disposition de dernière volonté du père ou de la mère (art. 1640).

La raison qu'on invoque, en France et ailleurs, pour justifier l'exclusion générale des femmes en matière de tutelle ne vaut pas grand'chose, semble-t-il. Les femmes, allègue-t-on, n'auraient pas une suffisante expérience des affaires pour pouvoir être chargées d'une tutelle; et quant à l'exception admise en faveur de la mère, elle serait motivée, dit-on, par l'affection de celle-ci pour le mineur, son enfant, affection qui lui tiendra lieu d'expérience.

Mais, franchement, du moment que l'affection est considérée comme pouvant suppléer à l'expérience des affaires, on ne voit guère de motif raisonnable pour priver en principe les femmes du droit d'exercer la tutelle. Rien de plus naturel, au contraire, à ce qu'une femme puisse être tutrice dans certaines circonstances : alors, par exemple, qu'elle a recueilli un orphelin et qu'elle se charge de son éducation. Pourquoi donc empêcher l'autorité compétente d'appeler une femme à cette fonction, si l'intérêt bien entendu de l'enfant se trouve d'ailleurs sauvegardé, ce que l'autorité tutélaire a pour mission de vérifier.

2° *Incapacité relative au témoignage.*

D'après le Code civil français, une femme ne peut pas jouer le rôle de « témoin instrumentaire » : ni dans les actes de l'état civil (art. 37), ni en matière de testament (art. 980). Il en est de même d'après beaucoup d'autres législations.

Pourquoi cette exclusion? Y a-t-il q lque bonne raison qui la justifie? ou bien ne serions ous pas plutôt en présence d'une de ces dispos ions légales que le passé nous a léguées en assez grand nombre, mais qui n'ont plus aucune raison d'être?

On répond généralement en disant que « les femmes étant exclues de la participation à la puissance publique », elles ne sauraient être témoins. Que signifie un pareil langage? La participation à la puissance publique, que peut-elle bien avoir à faire dans nos sociétés modernes, en matière de témoignage?

Si la femme ne pouvait jamais servir de témoin, en aucune circonstance... alors on comprendrait. Cela serait assurément chose absurde et fâcheuse; mais enfin il y aurait quelque logique à refuser aux femmes le droit ou la capacité de remplir le rôle de témoin instrumentaire.

Il y a eu des époques et des pays où, règle générale, le témoignage de la femme était considéré comme indigne de créance. Ainsi d'après le droit hébraïque, certains cas spéciaux exceptés.

A ce propos, signalons en passant une curieuse disposition de la procédure du canton de Vaud, avant 1825, disposition suivant laquelle, sous le système de la « preuve légale » en matière civile, le témoignage de deux femmes était nécessaire pour équivaloir celui d'un homme, et celui de quatre femmes pour contrebalancer celui de deux hommes!

Mais tout cela, c'est de l'histoire ancienne. Aujourd'hui, le témoignage de la femme compte autant que celui de l'homme devant les tribunaux de l'ordre civil et de l'ordre pénal; l'exception ne subsiste qu'en ce qui concerne les témoins instrumentaires (*Solennitätszeugen*, comme on dit en allemand).

Ainsi, le témoignage d'une femme, qui est nul pour attester la naissance d'un individu, est au contraire parfaitement valable pour constater un crime et pour faire condamner à mort ledit personnage, dans les pays où subsiste encore l'échafaud.

Dénier à la femme le droit de servir de témoin à un acte de naissance! n'est-ce pas le comble de l'absurdité? comme le remarque très bien M. Viollet dans son intéressante et instructive *Histoire du droit civil français* (2e éd., p. 457).

Naturellement il y a des juristes qui défendent le système, — il s'en trouve toujours pour plaider en faveur des pires inepties ou des plus criantes injustices de la loi! Ces avocats du Code s'en tirent au moyen d'une subtilité qui n'est pas facile à comprendre pour le commun des mortels : la femme, disent-ils, peut bien être témoin d'une naissance et déclarer à l'officier de l'état civil qu'un certain enfant est né tel jour et à telle heure; mais pour être témoin à l'acte de naissance, pour donner à cet acte la solennité voulue, il faut des hommes!

Quant aux testaments et aux autres actes notariés, le premier venu peut servir de témoin, alors qu'une femme offrant les plus sérieuses garanties ne peut remplir cet office!

Tel est, sur ce point, l'état du droit en France et dans bien d'autres pays encore.

Il convient d'ailleurs de remarquer les inconséquences assurément bizarres du Code civil français. En vertu de l'article 71, l'acte de notoriété qui dans certaines circonstances est destiné à suppléer un acte de naissance impossible à se procurer, doit contenir une « déclaration faite par sept témoins de l'un ou de l'autre sexe ». — Voyez également l'article 1029, d'où il résulte qu'une femme peut remplir les fonctions d'exécuteur ou d'exécutrice testamentaire, un rôle qui est cependant bien autrement important que celui de témoin, et pour l'office duquel « la participation à la puissance publique » semblerait devoir être une condition plus nécessairement exigible encore qu'en matière de témoignage.

Les rédacteurs du Code civil italien (art. 361 et 788) avaient suivi les errements du droit français. Mais la loi Morelli, du 9 décembre 1877, est venue corriger cet état de choses. D'après cette loi, « sont abrogées toutes les dispositions légales qui excluent les femmes du droit de servir de témoins dans tous les actes publics et privés ».

Une réforme identique s'impose en France, en Belgique, en Suisse et dans les autres pays qui ne l'ont pas encore opérée. Ce n'est pas que les femmes doivent y trouver un grand avantage. Mais il importe de faire disparaître de la loi une inégalité parfaitement injustifiable et choquante; inégalité dont les conséquences sont en outre certainement fâcheuses au point de vue de l'intérêt général, car tout ce qui peut contribuer à faciliter la rédaction des actes publics ou privés, ainsi que leur preuve, doit être favorisé.

En résumé, la femme non mariée a donc actuellement pleine et entière liberté dans la jouissance et l'exercice des droits civils. Sauf les exceptions relatives à la tutelle et au témoignage, la femme célibataire, veuve ou divorcée se trouve de nos jours, quant à sa capacité civile, sur le pied d'une égalité complète avec l'homme. Mais il en est autrement de la femme mariée.

Civilement capable avant le mariage et dès la dissolution de celui-ci par la mort de son mari ou par le divorce, pourquoi la femme ne l'est-elle généralement plus une fois qu'elle est mariée, et aussi longtemps que dure l'union conjugale?

A quoi peut bien tenir, en droit moderne, et d'où provient cette incapacité, dans les nombreux pays où nous la voyons figurer dans la loi, sous une forme ou sous une autre?

La cause en réside essentiellement dans l'état de dépendance ou de subordination qui caractérise la condition légale de la femme. C'est une des conséquences de la puissance maritale, de cette autorité qui étend son empire sur la personne de la femme et sur ses biens.

Devant « obéissance » à son mari, la femme ne saurait accomplir sans le consentement de celui-ci aucun acte juridique de nature à intéresser les affaires du ménage. Ne faut-il pas de l'unité dans la direction de la famille, dont le mari est le chef?

Mais l'obéissance de la femme à son seigneur et maître ne constitue pas le seul fondement de cette incapacité, du moins pas en droit français. Il s'y joint encore, dans une certaine mesure, l'ancienne idée de la tutelle du sexe, qui reparait ici.

A la question de tout à l'heure : A quoi tient l'incapacité de la femme mariée? la réponse varie d'ailleurs suivant les législations. Et l'on peut, semble-t-il, distinguer à cet égard cinq systèmes principaux, fort différents les uns des autres.

Le premier système ne se rencontre guère que dans la Suisse allemande, notamment à Zurich, dont le Code civil (de 1887) nous servira d'exemple.

Le deuxième a pour principal représentant le Code français, auquel viennent se joindre le Code civil espagnol (de 1889), celui des Pays-Bas (de 1838), ainsi que la plupart des législations de la Suisse occidentale et méridionale.

Le troisième est représenté par le Code civil italien (de 1865), qui se rattache sur ce point au droit français, mais avec des modifications assez considérables pour devoir être considéré comme formant un système à part, seul de son espèce.

Le quatrième est celui du projet de Code civil allemand (de 1888), qui est lui-même fort analogue sur ce point au Code civil neuchâtelois (de 1854).

Le cinquième système nous est fourni par le droit anglais, depuis les lois de 1870 et de 1882, ainsi que par la législation des États-Unis, ou tout au moins d'un certain nombre des États de l'Union américaine.

Passons maintenant à l'examen comparatif de ces divers groupes de législations.

I. Le point de vue auquel se sont placées les législations du plus grand nombre des cantons de la *Suisse allemande*, me permettra d'être bref, car le système en question est relativement simple, d'une simplicité tout autoritaire il est vrai.

La femme mariée est généralement « sous tutelle maritale », quant à sa personne et à ses biens. En matière d'actes juridiques, elle est représentée par son mari, qui agit en ses lieu et place comme un tuteur pour son pupille.

Le régime matrimonial quant aux biens a très habituellement un caractère obligatoire, c'est-à-dire qu'il n'est pas permis d'y déroger par contrat de mariage. Et ce régime ne laisse le plus souvent aucune indépendance à la femme, sauf en ce qui concerne certains biens réservés qui sont de minime importance.

La femme est incapable. On ne peut en aucune façon porter atteinte à cette incapacité, qui est d'ordre public : une conséquence inévitable et nécessaire du mariage.

A titre d'exemple, voici ce que statue le Code civil de *Zurich* : « Le mari est de droit tuteur marital de sa femme. Il administre ses biens, et la représente vis-à-vis des tiers » (art. 589).

On voit que le système est des plus simples !

A propos de quoi, je remarquerai qu'il y a deux sortes de « simplicité » en fait de solutions légales. La première espèce résulte de l'élimination pure et simple de l'un des termes du problème ; on supprime les difficultés en donnant tous les droits à l'une des parties en cause, et rien à l'autre. La seconde espèce, absolument différente, résulte de ce qu'on a cherché la conciliation des droits en assignant à chacun sa part, suivant le principe dicté par l'équité. C'est la vraie simplicité, par opposition à la première, qui n'est qu'apparente.

Au point de vue des législations de ce premier groupe, la question de la capacité ou de l'incapacité de la femme mariée rentre, en définitive, dans le chapitre des « effets du mariage quant aux biens ». Il n'y a pas là une question distincte, comme en droit français ou ailleurs.

II. D'après le *Code civil français* et la plupart des législations de la Suisse romane : pour pouvoir agir, la femme a besoin d'être « autorisée » par son mari; mais c'est bien elle qui agit. La situation n'est par conséquent pas la même que dans la Suisse allemande, où la condition légale de la femme est inférieure, sur ce point, à ce qu'elle est en France.

Bien que les dispositions du Code français soient assez connues, il ne sera pas inutile de les rappeler ici, en vue de la comparaison à établir avec d'autres législations.

La femme mariée est donc incapable, c'est-à-dire qu'elle ne peut valablement accomplir un acte juridique sans une autorisation qui, en principe, doit émaner de son mari.

Cette incapacité commence avec le mariage et prend fin avec lui. Elle survit à la séparation de biens, judiciaire ou conventionnelle. Jusqu'à cette année (1893), elle survivait même à la séparation de corps, qui relâche le lien conjugal sans le rompre, à la différence du divorce qui dissout le mariage et rend à la femme sa capacité avec son indépendance. Mais la loi du 6 février 1893 a changé cet état de choses : la femme séparée de corps reprend sa pleine et entière capacité civile, tout comme si elle était divorcée.

Cette incapacité tient au fait même du mariage tel qu'il est organisé par la loi française ; elle est d'ordre public : de futurs époux ne peuvent donc pas convenir par contrat de mariage que la femme sera pleinement capable et libre d'agir sans autorisation.

Une certaine capacité peut toutefois être donnée à la femme par l'adoption du régime de la « séparation de biens », régime en vertu duquel la femme a le droit de faire les actes d'administration relatifs à ses biens sans avoir besoin d'y être spécialement autorisée. La femme reste d'ailleurs toujours soumise à la nécessité de l'autorisation maritale ou judiciaire pour tout ce qui dépasse la simple administration de son propre patrimoine.

Mais cette incapacité, en quoi consiste-t-elle?

Il s'agit d'une incapacité générale, c'est-à-dire qu'elle concerne tous les actes juridiques : judiciaires et extrajudiciaires. C'est ainsi, pour commencer par les premiers, que la femme mariée ne peut « ester en justice », soit figurer dans un procès, sans y être autorisée; sauf toutefois si elle avait à former une demande en divorce, en séparation de corps ou en séparation de biens; sauf encore si, poursuivie au pénal, elle était appelée à se défendre en justice.

Relativement aux actes extrajudiciaires, la femme ne peut sans autorisation : ni donner, ni recevoir, ni aliéner, ni acquérir, ni contracter ou s'obliger par convention, ni accepter une succession ou la répudier. En résumé, elle est incapable d'acquérir ou d'aliéner sans y être spécialement autorisée.

Il est cependant un petit nombre d'actes que la femme mariée peut faire seule et sans autorisation.

C'est ainsi, par exemple, qu'elle n'a besoin d'aucun consentement pour disposer par testament (Code civil, 226 et 905). Il y a encore quelques autres cas exceptionnels que nous pouvons laisser de côté.

Pour les dépenses courantes du ménage, il est admis par la jurisprudence que la femme peut les faire sans avoir besoin d'y être spécialement autorisée; elle agit alors en vertu d'un mandat tacite de la part de son mari, mandat que celui-ci conserve toujours le droit de révoquer.

L'autorisation nécessaire à la femme doit régulièrement émaner du mari. Mais parfois elle émane de l'autorité judiciaire. C'est ainsi que la femme peut s'adresser au tribunal, en cas de refus injustifié d'autorisation de la part du mari. Dans certains cas, le tribunal est même appelé à statuer directement : ainsi lorsque le mari a été condamné à une peine afflictive ou infamante, pendant la durée de la peine; ou bien si le mari est mineur, interdit ou absent.

Il convient de remarquer cette nécessité d'une autorisation de la justice dans ces divers cas : condamnation, minorité, interdiction ou absence du mari. Il y a donc, dans l'incapacité de la femme mariée en droit français, autre chose qu'une simple conséquence de la puissance maritale. Si celle-ci seule était en cause, il n'y aurait pas lieu de recourir à une autorisation judiciaire dans les cas ci-dessus.

D'après le système français, l'autorisation nécessaire à la femme doit toujours être « spéciale », c'est-à-dire qu'elle doit être donnée pour chaque acte en particulier : pour telle instance judiciaire ou pour tel acte extrajudiciaire que veut accomplir la femme. Une autorisation générale n'est admise qu'en ce qui concerne la femme commerçante : le consentement donné par le mari à son négoce en général est suffisant; pas n'est besoin d'une autorisation spéciale pour chacun des actes relatifs à ce négoce.

Autorisée par son mari ou par la justice, la femme se trouve, quant à l'acte auquel s'applique l'autorisation, dans la situation d'une personne pleinement capable. L'absence d'autorisation, dans les cas où celle-ci est nécessaire, a pour conséquence de rendre possible l'annulation de l'acte en question, nullité qui peut être demandée par la femme, par le mari ou par leurs héritiers. Quant au tiers qui aurait contracté avec une femme non légalement autorisée, il court donc le risque de voir annuler l'acte dont il s'agit.

Tel est, sommairement esquissé, le système du droit français (C. civ., art. 215 à 226), système que nous retrouvons dans ses traits principaux : en *Belgique* ; dans les *Pays-Bas* (C. civ. néerlandais, art. 160 à 173); en *Espagne* (C. civ. esp., art. 59 à 66); et dans plusieurs cantons de la Suisse : *Genève*, *Vaud*, *Fribourg*, *Tessin*, *Valais*, ainsi que dans le *Jura bernois*.

III. *Italie*. — Lors des travaux relatifs à l'élaboration du Code civil italien, il fut question de supprimer purement et simplement toute autorisation maritale : la femme mariée aurait été capable de contracter des engagements et d'aliéner ses biens sans l'intervention légale de son mari, comme celui-ci peut le faire, en ce qui concerne ses propres biens, sans que sa femme soit appelée à concourir à ces actes.

Mais il ne fut pas donné suite à cette idée, et le Code italien établit un système qui, tout en étant beaucoup plus libéral pour la femme que celui du droit français, maintient cependant le principe de l'autorisation. L'incapacité de la femme mariée n'y est d'ailleurs envisagée que comme une conséquence de la puissance maritale.

Les différences qui séparent les deux législations sont considérables. Le Code italien laisse, en effet, à la femme une indépendance relative, qui devient même absolue dans certains cas ; d'autre part, il lui garantit une protection plus efficace de ses intérêts en présence de ceux de son mari.

Voici quels sont les principaux points de divergence entre les deux Codes :

1° Tandis que le régime légal du droit français est un régime de communauté, avec un pouvoir d'administration quasi discrétionnaire du mari (C. civ. fr., art. 1421, 1422), le régime légal du Code italien est celui de la paraphernalité ou de la séparation de biens, un régime qui laisse à la femme la jouissance et l'administration de ses biens. (C. civ. it., art. 1425.) Lors même que cette divergence ne rentre pas directement dans notre sujet, nous devions cependant la mentionner, à cause du contre-coup inévitable du régime des biens sur la capacité de la femme.

2° D'après le Code italien, l'autorisation maritale n'est requise que pour un certain nombre d'actes spécialement déterminés, et non pas pour toute espèce d'actes comme en droit français. (C. civ. it., art. 134 ; comp. C. civ. fr., art. 217.)

3° Alors qu'en droit français l'autorisation doit nécessairement être « spéciale », sauf en ce qui concerne la femme autorisée par son mari à faire le commerce, le Code italien permet au mari de donner à sa femme une autorisation « générale », en vue de tous les actes pour lesquels une autorisation est nécessaire ou pour quelques-uns d'entre eux seulement, autorisation qu'il conserve d'ailleurs le droit de révoquer. Si donc, par exemple, le mari prévoit une absence prolongée, il peut donner une autorisation générale à sa femme, qui devient alors pleinement capable d'agir sans autorisation. (C. civ. it., art. 134.)

4° Indépendamment de l'exception relative au négoce, la femme italienne n'a besoin d'aucune autorisation dans les cas suivants : lorsque son mari est mineur, interdit, absent ou condamné à plus d'une année de prison ; de même encore lorsqu'il y a séparation de corps occasionnée par la faute du mari (C. civ. it., art. 135) ; cas auxquels il faut ajouter celui où le mari aurait été condamné pour délit d'adultère, ce qui entraîne pour lui la perte de la puissance maritale. (C. pén. it. de 1890, art. 354.) Dans ces différentes hypothèses, la femme peut agir d'une façon tout à fait indépendante, aucune autorisation judiciaire n'étant requise pour remplacer celle du mari, comme cela est toujours nécessaire en droit français (sauf en cas de séparation de corps).

5° En revanche, le Code italien exige l'autorisation de la justice : non seulement lorsque le mari refuse l'autorisation qui lui est demandée, ainsi que dans le cas de séparation de corps occasionnée par la faute de la femme ou par consentement mutuel ; mais encore « quand il s'agit d'un cas dans lequel il y a opposition d'intérêts » entre les conjoints (art. 136).

Telles sont les différences qui séparent en cette matière les deux législations de la France et de l'Italie, différences fort importantes les unes et les autres.

La supériorité du Code italien, sur ce point comme

sur beaucoup d'autres, est assez évidente pour qu'il soit inutile d'insister. Le regretté Paul Gide et d'autres après lui l'ont constatée dès l'apparition de ce monument législatif. — Quand donc se décidera-t-on, en France, à une réforme légale dont la nécessité a été reconnue depuis longtemps déjà ?

Il y aurait du reste mieux à faire, semble-t-il, qu'à imiter le droit italien, qui ne donne, en définitive, à ses ressortissantes qu'une indépendance limitée, une demi-capacité. Assurément, c'est déjà quelque chose ; c'est même beaucoup si l'on se reporte aux dispositions du droit en vigueur en Suisse ou en France. Mais ce n'est pourtant pas, à mon avis, la meilleure solution possible. Voyons ce qui en est ailleurs.

IV. — D'après le *Projet de Code civil allemand*, la femme mariée n'est frappée d'aucune incapacité. L'intervention maritale reste toutefois nécessaire la plupart du temps, vu les dispositions relatives au régime légal des biens.

C'est ainsi que le droit de disposition de la femme se trouve restreint par le fait des droits conférés au mari sur les biens de celle-ci, pour tous les ménages qui se trouvent soumis au régime légal (de l'union des biens ou exclusif de communauté).

Mais si les époux adoptent conventionnellement la « séparation de biens », ainsi qu'ils sont libres de le faire : alors la femme devient entièrement indépendante, relativement à la gestion de ses biens, comme si elle n'était pas mariée. — Un système qu'on pourrait assez justement appeler celui de la « liberté contractuelle » pour la femme.

L'incapacité de la femme mariée n'est donc pas une

conséquence nécessaire du mariage, d'après le projet du Code civil allemand; il n'y a pas là une disposition d'ordre public, comme en France ou en Italie, puisque le fait d'adopter le régime de la séparation de biens confère à la femme une indépendance complète et fait disparaître toute espèce de restrictions à sa liberté d'action quant à ses biens.

Le Code civil du canton de *Neuchâtel* contient un système qui est assez analogue à celui du projet allemand. — « Chez nous, dit Jacottet dans son ouvrage sur le droit civil neuchâtelois, c'est l'intérêt seul de la « communauté » qui rend la femme incapable. S'il n'y a pas de communauté (c'est-à-dire si les époux ont adopté par contrat de mariage le régime de la séparation de biens), la femme n'a pas plus besoin de l'autorisation de son mari que si elle n'était pas mariée. »

Sous le régime légal du Code neuchâtelois, un régime de communauté d'aquêts, la femme est incapable de tout acte de la vie civile sans l'autorisation de son mari. Il y a d'ailleurs quelques différences avec le droit français. Mais cette incapacité peut disparaître, comme nous venons de le voir, et disparaît complètement, par l'adoption conventionnelle du régime de la séparation de biens.

Le système du Projet allemand et du Code neuchâtelois est incontestablement plus libéral que le système français, ce qui n'est d'ailleurs pas beaucoup dire! Si on le compare au système italien, il est plus difficile de se prononcer.

En *Norvège*, une loi générale sur le régime des biens entre époux a été promulguée le 29 juin 1888, loi dont l'article 11 est conçu en ces termes : « La femme mariée a la même capacité que la femme non mariée, et dispose de ses biens sous certaines restrictions indiquées dans la présente loi. »

V. *Angleterre.* — D'après la *Common Law*, soit le droit coutumier anglais, la femme mariée ne jouissait pas d'une existence distincte : sa personnalité juridique était absorbée par celle du mari, seule véritable « personne » aux yeux de la loi civile. Plus incapable encore qu'en France ou que dans la Suisse allemande, la femme anglaise ne pouvait pas même tester. Avec le temps, certains changements furent apportés à cet état de choses, sans modifier toutefois le fond du système.

Mais depuis la loi du 18 août 1882, préparée par une loi de 1870... changement complet, et tellement complet que la situation se laisse résumer en ces quelques mots : « Dans l'ancien droit, c'est-à-dire jusqu'en ces dernières années, pas d'autorisation maritale, parce que la femme ne pouvait agir. Dans le droit nouveau, pas d'autorisation maritale, parce que la femme peut agir seule librement. » (Lehr, *Éléments de droit civil anglais.*)

Tel est aussi le point de vue généralement régnant aux *États-Unis*. C'est même là que la réforme a commencé, dans l'État de New-York sauf erreur; et c'est de là qu'elle s'est introduite en Écosse et en Angleterre, où l'on n'a pas craint de suivre l'exemple donné de l'autre côté de l'Atlantique.

Quelle différence entre le droit anglo-américain d'une part, et le droit français ou celui des divers cantons de la Suisse d'autre part !

Et maintenant, nos conclusions.

L'incapacité de la femme mariée est-elle une conséquence nécessaire de la situation créée par le fait du mariage?

Le Code italien répond négativement à cette question, puisqu'il admet de nombreux cas où, pleinement capable, la femme peut agir en toute liberté et sans aucune autorisation.

Le Code neuchâtelois et le projet de Code civil pour l'empire d'Allemagne nous donnent la même réponse, en statuant que moyennant l'adoption du régime de la séparation de biens, la femme n'est plus frappée d'aucune restriction dans sa capacité et qu'elle peut librement disposer de ce qui lui appartient, comme si elle n'était pas mariée.

Enfin, le droit anglais a si peu jugé l'incapacité de la femme mariée comme une conséquence nécessaire du mariage, qu'il ne l'admet plus aucunement et qu'il a proclamé la pleine capacité et l'entière indépendance de la femme quant à ses biens.

Or le mariage, dans ces divers pays, est pour le moins aussi bien organisé qu'en France ; il y est même généralement plus solide et plus honoré.

Bien loin d'être une conséquence nécessaire du mariage, l'incapacité de la femme mariée et la puissance maritale d'où elle découle ne sont que des restes surannés et destinés à disparaître, comme a disparu la tutelle du sexe.

Pour terminer, je transcrirai les lignes suivantes, empruntées à une brochure de M. Barclay sur la loi anglaise de 1882 : « En général, sur le continent, le mari est le chef de l'union conjugale ; il administre les biens de sa femme ; celle-ci est incapable d'ester en justice et de contracter; enfin l'omnipotence du mari est consacrée. Mais les législations du continent n'ont pas entièrement résisté à la nécessité d'accorder à la femme une plus grande indépendance... Espérons que les réformes législatives à l'étude auront désormais, en cette matière, la liberté pour objet. Seuls, les esprits peu généreux peuvent soutenir, aujourd'hui, cette idée que la liberté est une bonne chose pour tout le monde, excepté pour la femme mariée! » On ne saurait mieux dire.

IV

LE RÉGIME LÉGAL QUANT AUX BIENS

Le chapitre des « Effets du mariage quant aux biens » passe pour l'un des plus compliqués et des moins attrayants de tout le droit de famille. Mais, sous une enveloppe qui paraît, à première vue, ne recouvrir que des questions d'intérêts purement matériels, et dont l'étude est particulièrement ardue, la justice est en cause.

Il en est d'ailleurs fréquemment ainsi en matière de droit : une science aux abords sévères et parfois arides, mais dans presque toutes les parties de laquelle il y a quelque grand intérêt social ou moral en jeu. Ainsi, notamment, en ce qui concerne le droit matrimonial : au point de vue des biens, comme au point de vue des rapports personnels entre les époux.

Quant aux complications que présente la matière, cela dépend des législations. — Une remarque préliminaire à ce sujet.

Tandis que certains codes ou certaines lois donnent aux dispositions relatives au contrat de mariage et aux régimes matrimoniaux une extension considérable, d'autres au contraire ont réussi à s'en tirer très brièvement. La différence est frappante; il vaut la peine de la relever.

C'est ainsi que le *Code civil français* consacre près de 200 articles à cet objet. Dans le *Projet allemand*, le nombre des articles est un peu moindre; mais comme ils sont généralement plus longs, cela revient à peu près au même. On n'en compte que 69 dans le *Code civil italien;* et 27 seulement dans la *Loi anglaise* de 1882. Le *Svod russe* en contient moins encore.

En présence d'une inégalité aussi prononcée dans la manière de traiter un seul et même chapitre du droit matrimonial, on doit s'attendre à des divergences profondes entre les solutions légales qui ont prévalu dans ce domaine. Tel est effectivemant le cas; la suite nous le fera voir.

Lorsqu'il s'agit des effets du mariage quant aux biens, deux sujets principaux entrent en ligne de compte : contrat de mariage, et régime légal.

Malgré tout l'intérêt que présentent les questions relatives au contrat de mariage, nous les laisserons de côté. — Liberté plus ou moins étendue en fait de conventions matrimoniales, irrévocabilité ou mutabilité du régime adopté par les conjoints, mesures destinées à en assurer la publicité, formalités de rédaction : tout autant de points sur lesquels il y a désaccord entre les diverses législations, et à propos desquels il y aurait lieu de procéder à une étude comparative. Mais il faut se borner, et nous limiterons notre enquête à l'examen des principaux « régimes », spécialement au point de vue du « régime légal » ou de droit commun.

Un règlement des intérêts pécuniaires des époux doit nécessairement exister, vu les charges qui naissent du mariage. — Comment ces charges seront-elles supportées par les conjoints? Le mariage apportera-t-il un changement dans les droits que chacun d'eux avait sur ses biens avant d'être marié? Le mari aura-t-il certains droits particuliers sur l'avoir de sa femme, ou celle-ci sur les biens de son mari?

Et les tiers qui pourront avoir à traiter avec les époux, il faut aussi qu'ils sachent à quoi s'en tenir : traitent-ils avec le mari, ils doivent être en mesure de savoir quels sont les droits qu'il a sur les biens de sa femme; traitent-ils avec la femme, il faut qu'ils sachent quels sont les droits qu'elle a conservés ou qui lui appartiennent.

Mais s'il est nécessaire qu'il y ait un règlement pour trancher les difficultés qui peuvent se présenter à l'occasion des affaires d'argent, il n'est pas nécessaire que les époux fassent un contrat de mariage en vue de ce règlement. Et, de fait, le plus grand nombre des ménages s'en passent.

Dans le canton de Genève, par exemple, sur neuf cents mariages annuellement célébrés en moyenne, de 1880 à 1890, il n'y en a guère que 150 chaque année qui aient été précédés d'un contrat de mariage; soit un sixième tout au plus. La proportion peut varier, et varie sans doute, d'un pays à l'autre. Il est néanmoins certain que partout et toujours le nombre des mariages qui se concluent sans être accompagnés d'un contrat l'emporte considérablement sur le nombre des mariages avec contrat. Ce qui est très naturel; comme il y a plus de gens qui meurent « intestat » que de personnes qui décèdent après avoir fait un testament.

A défaut de contrat de mariage, les époux sont

placés sous le régime adopté par la loi de leur pays comme le régime légal ou de droit commun. L'importance de ce dernier est donc très considérable, la grande majorité des ménages s'y trouvant soumis de plein droit; et pour les époux mêmes qui font un contrat, le régime légal joue toujours un rôle plus ou moins subsidiaire. — Il y a même certaines contrées où le régime légal est obligatoire; ainsi, dans plusieurs cantons de la Suisse allemande : les dispositions de la loi relatives aux effets du mariage quant aux biens y sont envisagées comme ayant un caractère « d'ordre public », aussi bien que les dispositions concernant les effets du mariage quant à la personne des époux.

Le nombre des systèmes ou des régimes matrimoniaux qui figurent dans la loi de nos pays de civilisation occidentale est extrêmement considérable : régimes dont les uns sont très compliqués, les autres moins; la plupart d'entre eux ayant pour caractère commun de sacrifier d'une manière plus ou moins absolue les droits de la femme aux intérêts du mari ou de ses créanciers. De tous ces régimes, à la vérité, un seul est tout à la fois réellement équitable et simple, ainsi que nous aurons l'occasion de le constater.

Pour donner une idée de l'abondance des combinaisons légales dans ce domaine : les rédacteurs du projet du Code civil allemand évaluent à plus de cent le nombre des régimes actuellement en vigueur dans les différentes parties de l'empire. En Suisse, toute proportion gardée, il y en a plus encore : chacun des vingt-cinq cantons ou demi-cantons dont se compose la Confédération ayant son régime plus ou moins différent de tous les autres... et cela, pour une population totale de trois millions d'habitants.

Malgré la multiplicité presque effrayante des régimes en vigueur dans les différents pays de l'Europe et de l'Amérique, il est possible de les ramener à un nombre relativement restreint de régimes principaux ou de « régimes types », ainsi qu'il suit :

A. Régimes de *communauté*, avec trois espèces principales : la communauté universelle, la communauté réduite aux acquêts, et la communauté (partielle ou intermédiaire) des meubles et des acquêts.

B. Régimes *sans communauté*, avec de nombreuses variétés, dont les deux principales sont : l'union des biens (régime exclusif de communauté, *Güterverbindung*), et le système dotal. Ce dernier présente certaines particularités qui le rapprochent du groupe suivant ; à d'autres égards, il conviendrait presque de le considérer comme formant un groupe à part ; il y a toutefois de bonnes raisons pour le ranger dans la famille des régimes sans communauté.

C. Le régime de la *séparation de biens* ou de l'indépendance respective des époux.

Nous aurions ainsi trois grandes familles ou trois groupes de régimes, avec six espèces principales : 1° la communauté universelle, 2° la communauté d'acquêts, 3° la communauté des meubles et acquêts; 4° l'union des biens ; 5° la dotalité ; 6° la séparation de biens.

Laissant de côté les très nombreuses variétés et combinaisons légales de tous genres qui se rencontrent dans ce domaine, nous allons tenter de donner une description sommaire de ces « régimes principaux », après quoi nous pourrons examiner la question du « meilleur régime légal ».

DESCRIPTION SOMMAIRE DES PRINCIPAUX RÉGIMES

A. *Régimes de communauté.*

Ce qui caractérise les régimes de communauté en général, par opposition à tous les autres, c'est que tout ou partie des biens appartenant à l'un et à l'autre époux deviennent « communs » à partir de la célébration du mariage : la propriété de ces biens n'est plus exclusivement à l'un ou à l'autre, mais à la « communauté » qui comprend le mari et la femme. A la dissolution de l'union conjugale, lesdits biens, s'il en reste, se partagent entre les époux ou leurs héritiers. Il y a dans ce régime un élément « successoral », si l'on peut s'exprimer ainsi.

Il se forme donc entre les conjoints une espèce de « société de biens », embrassant tout ou partie des biens de l'un et de l'autre époux, suivant qu'il y a communauté universelle ou partielle seulement. Ces biens communs servent de garantie pour les dettes du ménage, notamment pour les dettes contractées par le mari.

Quelle qu'en soit l'espèce, du moment qu'il y a communauté, la masse des biens communs est généralement administrée par le mari, auquel appartient souvent aussi, mais pas partout, l'administration des biens « propres » de la femme. Les pouvoirs du mari, en tant qu'administrateur de la communauté, varient d'ailleurs beaucoup suivant les pays.

A cet égard, le droit français se montre particulièrement défavorable à la femme, vu les pouvoirs quasi absolus du mari d'après cette législation : « *Le mari administre seul les biens de la communauté. Il peut les vendre, aliéner et hypothéquer sans le concours de la femme.* — Il ne peut disposer entre vifs à titre gratuit des immeubles de la communauté ni de l'universalité ou d'une quotité du mobilier, si ce n'est pour l'établissement des enfants communs. *Il peut néanmoins disposer des effets mobiliers à titre gratuit et particulier au profit de toutes personnes*, pourvu qu'il ne s'en réserve pas l'usufruit. » (C. c., art. 1421, 1422.)

Cet exemple montre combien il importe de ne pas se laisser tromper par les apparences. Le mot « communauté » fait illusion à beaucoup de gens, qui ne voient dans ce régime que le fait de la copropriété et le partage qui en résulte à la dissolution du mariage, sans se rendre compte que durant le mariage la femme est une associée sans pouvoir et qui n'a rien à dire. — Ainsi, du moins, en droit français ; car il n'en est pas partout de même.

Un coup d'œil sur les différentes espèces de « communauté », au point de vue de la composition de leur actif, c'est-à-dire des biens qui en font partie.

1° Lorsqu'il y a *Communauté universelle :* tous les biens (meubles et immeubles, présents et à venir) des deux époux sont biens communs, sauf ceux qui auraient été spécialement réservés, s'il y en a.

Tel est, par exemple, le régime légal des Pays-Bas, dont le Code civil (art. 174) s'exprime en ces termes : « A dater du jour du mariage, il y aura de droit entre les époux une communauté universelle de biens, s'il n'y a dans le contrat de mariage une dérogation expresse à cet égard. »

La communauté universelle est également le régime légal de plusieurs contrées de l'Allemagne : ainsi dans une grande partie de la Prusse, à Hambourg et à Brême, dans une partie de la Bavière, etc. De même dans le Portugal, et dans les cantons suisses de Bâle et de Thurgovie.

2° Lorsqu'il y a *Communauté d'acquêts :* chacun des époux conserve en propre les biens qu'il possédait au moment de la célébration du mariage, ainsi que ceux qui lui sont échus durant le mariage par donation ou par succession. La communauté ne comprend que les gains provenant de l'industrie commune ou du travail personnel des époux, les économies réalisées sur les revenus des biens restés propres et les acquisitions faites à titre onéreux durant le mariage.

La communauté réduite aux acquêts figure, comme régime légal, dans la loi des pays suivants : l'Espagne, le Wurtemberg, quelques autres contrées de l'Allemagne, les cantons de Neuchâtel, du Valais, de Schaffhouse et des Grisons.

3° Lorsqu'il y a *Communauté des meubles et des acquêts :* tombent « en commun » tous les biens meubles des deux époux, les acquisitions (meubles ou immeubles) faites à titre onéreux durant le mariage, ainsi que les gains et les revenus des biens restés propres. Plus étendue que la communauté d'acquêts, plus restreinte que la communauté universelle, c'est la principale espèce intermédiaire.

Ce qui distingue essentiellement cette sorte de communauté de la communauté universelle, c'est que les immeubles appartenant à chacun des époux lors de la célébration du mariage, et ceux qui leur échoient dans la suite par succession ou par donation, leur restent propres et ne tombent pas en communauté.

Ce régime est en vigueur, comme régime légal ou de droit commun : en France et en Belgique, dans le Luxembourg, à Genève et dans le Jura bernois, dans plusieurs contrées de l'Allemagne (notamment dans les pays rhénans, dans le grand-duché de Baden, en Alsace-Lorraine, etc.).

Les trois États Scandinaves : la Suède, la Norvège et le Danemark sont aussi des pays de communauté, d'une espèce ou d'une autre.

B. *Régimes sans communauté.*

4° Sous le régime de l'*Union des biens* (régime exclusif de communauté, *Güterverbindung*), chaque époux conserve la propriété de ses biens, en ce sens qu'il peut en exercer la reprise à la dissolution du mariage. Il n'y a pas de communauté, c'est-à-dire qu'il ne s'établit aucune société de biens, aucune fusion des fortunes en vue d'un partage ultérieur. Les biens du mari doivent lui revenir ou à ses héritiers ; les biens de la femme, de leur côté, lui reviendront à elle ou à ses héritiers.

Au point de vue de la propriété, les biens des deux époux restent donc séparés. Mais au point de vue de l'administration, ils sont réunis entre les mains du mari. Les pouvoirs de celui-ci, en tant qu'administrateur des biens de la femme, sont d'ailleurs plus ou moins étendus suivant les législations.

Ainsi, le mari a l'administration de tous les biens non spécialement réservés à la femme ; il en a aussi la jouissance ou l'usufruit. En sa qualité d'usufruitier, le mari profite seul des économies réalisées pendant le mariage : à lui seul les revenus, et les bénéfices s'il y en a. Lesdits bénéfices vont augmenter son propre patrimoine à lui, et non celui de sa femme, alors bien même que toute la fortune du ménage proviendrait de celle-ci.

Lorsqu'il y a *Unité des biens* (Gütereinheit), une variété du régime dont il est ici question, le mari devient non seulement usufruitier mais propriétaire des biens de la femme et débiteur de leur valeur, ou propriétaire à charge de restitution. Au point de vue de l'administration, la situation est la même que sous le régime proprement dit de l'union des biens.

5° Sous le *régime Dotal*, les biens de la femme sont habituellement de deux espèces : les biens dotaux et les paraphernaux. Ces derniers restent, en général, à la libre disposition de la femme. Quant aux biens dotaux, le mari en a l'administration et la jouissance, à peu près comme sous le régime de l'union des biens.

Toutefois, sous le régime dotal proprement dit ou à l'état pur, les biens dotaux sont « inaliénables », c'est-à-dire que ni le mari ni la femme n'osent procéder à leur aliénation, sauf certains cas déterminés par la loi. Cette inaliénabilité est caractéristique du régime dotal et le différencie de tous les autres. Mais la règle de l'inaliénabilité souffre tant d'exceptions diverses, qu'en réalité le régime dotal se rapproche le plus souvent beaucoup du système de l'union des biens.

L'un ou l'autre des régimes « sans communauté » ci-dessus mentionnés, ou quelque combinaison de ces systèmes, se rencontrent comme régime légal dans les pays suivants : l'Autriche, la Pologne russe, les provinces Baltiques, la Saxe et plusieurs autres contrées de l'Allemagne ; ainsi que dans le plus grand nombre des cantons de la Suisse (Berne, Zurich, Vaud, Saint-Gall, Lucerne, etc.). Les rédacteurs du Projet allemand se sont aussi prononcés pour le régime de l'union des biens.

Lorsqu'il y a lieu de sauvegarder ses intérêts menacés par une trop mauvaise administration de la part du mari, la femme peut, en général, obtenir de la justice une *séparation de biens judiciaire*, qui lui rend, dans les limites de sa capacité, la libre administration de ce qui lui appartient.

Mais ce remède, qui est applicable sous les régimes sans communauté aussi bien que sous les régimes de communauté (en France, en Allemagne, etc.), arrive le plus souvent trop tard, c'est-à-dire quand il n'y a plus rien ou plus grand'chose à sauvegarder. — Il n'existe d'ailleurs pas dans toutes les législations.

C. *Régime de la séparation de biens.*

6° De tous les régimes, la *Séparation de biens* est celui qui exige le moins d'explications, parce qu'il se comprend pour ainsi dire de lui-même. C'est, en effet, la simplicité même, par opposition à toutes les complications précédemment signalées.

Sous ce régime, que l'on pourrait appeler aussi celui de l'indépendance, chaque époux conserve la propriété, la jouissance et l'administration de ses biens. Quant aux charges du ménage, chacun est appelé à y contribuer en proportion de ses ressources, sauf stipulation contraire par contrat de mariage. (Le Code français contient cependant, à cet égard, une disposition différente. Voir l'article 1537.)

Il va de soi que la femme reste libre de laisser à

son mari l'administration de ses biens, et le plus souvent c'est ainsi que les choses se passent. Mais si, pour une cause ou pour une autre, la femme estime avoir intérêt à ressaisir l'administration de ses biens, elle est libre de le faire.

La séparation de biens est le régime légal ou de droit commun dans plusieurs grands pays : en Russie (Svod), en Italie, dans le royaume de Grande-Bretagne et d'Irlande. De même aux États-Unis (dans plusieurs des États de l'Union tout au moins), dans le Canada, dans une partie de l'Australie, etc.

Dans ces pays, c'est donc le régime de la grande masse des ménages, de tous ceux qui n'ont pas fait un contrat de mariage dérogeant au système.

D'après la plupart des autres législations, la séparation de biens, sans être le régime légal, peut être adoptée par contrat de mariage : ainsi en France, en Allemagne, etc. — Mais il est un certain nombre de législations d'après lesquelles il en est autrement : un tel régime étant considéré comme contraire au principe sacré de l'autorité maritale et incompatible avec la nature du mariage, qui exige une subordination légale de la femme aussi complète que possible ! Tel est le cas dans un grand nombre de cantons de la Suisse : Berne, Zurich, Vaud, etc... la Suisse, qui se croit et se proclame volontiers la terre de la liberté !

LE RÉGIME LÉGAL OU DE DROIT COMMUN DES DIFFÉRENTS ÉTATS DE L'EUROPE

La population totale de l'Europe étant actuellement de 360 millions d'habitants environ, voyons quel es le chiffre approximatif de chacun des trois groupes de régimes en présence : communauté, sans communauté, séparation de biens.

A. Pays dont le régime légal est un régime de *communauté* d'une espèce ou d'une autre :

France (38); Belgique, Pays-Bas, Luxembourg et quelques cantons de la Suisse (12); Espagne et Portugal (21); Suède, Norvège et Danemark (9); une grande partie de l'Allemagne actuelle (env. 30). — Soit un total approximatif de 110 millions (80 millions seulement, si l'on défalque le chiffre de l'Allemagne, vu les dispositions du Projet de code civil).

B. Pays dont le régime légal est un régime *sans communauté*, d'une espèce ou d'une autre.

Une partie de l'Allemagne actuelle (env. 20); Autriche (27); Pologne (8); les provinces Baltiques et le plus grand nombre des cantons de la Suisse (5). — Soit un total approximatif de 60 millions (90 millions, si l'on fait rentrer l'Allemagne tout entière dans ce groupe, vu les dispositions du Projet.)

C. Pays dont le régime légal est celui de la *séparation de biens* ou de l'indépendance.

Italie (30); Russie (défalcation faite des provinces où le régime est différent, env. 80); Grande-Bretagne et Irlande (40). — Soit un total approximatif de 150 millions.

D. Pays dont le régime légal ne m'est pas suffisamment connu pour pouvoir les classer.

Hongrie, Finlande, États des Balkans, etc. — Soit un total approximatif de 40 millions.

Récapitulation. — Régimes de communauté, 110 (ou

80) millions ; régimes sans communauté 60 (ou 90) millions ; régime de la séparation de biens, 150 millions ; régimes inconnus ou indéterminés, 40 millions. — Ce qui nous donne 360 millions, chiffre total de la population de l'Europe.

C'est donc la séparation de biens, ou le système de l'indépendance, qui représente le plus fort contingent numérique de notre continent (150 millions sur 360) ; sans parler de l'Amérique, où ce régime tend à prévaloir de plus en plus dans la législation.

On voit ce qu'il faut penser de l'affirmation si fréquemment répétée en Suisse et en France, que la séparation de biens est « un régime exceptionnel et incompatible avec la nature du mariage » ! Avant de se permettre des assertions de ce genre, on ferait bien de se mettre au courant de la situation.

Au point de vue numérique et du droit positif, la séparation des biens est le premier régime de l'Europe. Au point de vue rationnel... c'est ce qu'il nous reste à examiner maintenant.

QUEL EST LE MEILLEUR RÉGIME LÉGAL ?

La question de savoir quel est le meilleur régime des biens, en tant que régime légal et de droit commun, c'est-à-dire pour tous les ménages qui n'ont pas fait un contrat de mariage, ne se posait guère autrefois qu'entre la dotalité ou l'union des biens d'une part et la communauté d'autre part.

Les uns se prononçaient en faveur de tel régime de la première catégorie, qui leur paraissait présenter divers avantages au point de vue de la simplicité ou certaines garanties particulièrement efficaces quant à la conservation des biens de la femme. Les autres manifestaient leurs sympathies pour la communauté, d'une espèce ou d'une autre, comme étant le régime le plus conforme à la situation créée par le mariage : communauté de vie, communauté d'intérêts ; — sans se demander d'ailleurs si c'est au régime des biens qu'il convient de demander la réalisation de la solidarité conjugale dans le domaine des intérêts pécuniaires.

La discussion entre les partisans de ces deux groupes de régimes s'engagea une première fois en France, il y a bientôt cent ans, lors des travaux relatifs à l'élaboration du Code civil. Les rédacteurs du projet de Code civil ayant donné la préférence à la communauté, de vives réclamations s'élevèrent aussitôt de différents côtés, notamment dans le midi, en faveur du régime dotal; ailleurs, ce fut au nom du régime exclusif de communauté (ou de l'union des biens).

Les arguments donnés par les adversaires de la communauté ne paraissent pas avoir toujours été des plus forts, si l'on en juge par la protestation du tribunal de Montpellier, un document dans lequel la communauté est représentée comme « une pomme de discorde que le nord de la France a cueilli sans doute dans les forêts de la Germanie, au milieu du tumulte des victoires et de la licence des camps... ».

Les rédacteurs du Code civil, fidèles aux traditions coutumières, se prononcèrent en définitive pour la communauté, dont une espèce devint, à partir de 1804, le régime légal de toute la France.

Actuellement, la situation juridique de l'Allemagne n'est pas sans analogie avec celle où l'on se trouvait en France au commencement du siècle. Mais c'est en faveur du régime de l'union des biens (exclusif de communauté) que les rédacteurs du projet de Code civil allemand se sont prononcés, bien que la communauté d'une espèce ou d'une autre étende actuellement son empire sur un ensemble de population notablement plus considérable que l'union des biens. Mais ce dernier régime (auquel on a donné le nom de *Verwaltungs-gemeinschaft*) a paru devoir l'emporter sur les autres systèmes, comme étant plus « national » et plus conforme aux besoins.

En Suisse, on commence aussi à discuter la question, en vue de l'unification à venir du droit matrimonial, et plusieurs voix se sont prononcées pour le régime légal de l'union des biens (*Güterverbindung*), conformément aux traditions du plus grand nombre des législations cantonales.

Remarquons, à ce propos, que la communauté est en train de perdre du terrain ; ce qui provient des complications inextricables auxquelles ce régime peut donner lieu, ainsi que des autres inconvénients qu'il présente et sur lesquels nous aurons à revenir dans un instant.

Les partisans de la communauté sont d'ailleurs assez généralement d'accord, de nos jours, pour donner la préférence à la communauté d'acquêts sur les autres espèces de communauté et notamment sur la communauté légale du droit français. Ce qui, soit dit en passant, est absolument inconséquent de leur part. Du moment, en effet, que « la communauté est le régime le plus conforme au but et à la nature du mariage », comme les avocats du système ne cessent de le répéter, c'est évidemment à la communauté universelle que revient la palme, et c'est en faveur de ce régime qu'ils devraient se prononcer.

On commence donc par s'écrier : Vive la communauté ! le seul régime véritablement normal ! Et l'on voit même certains juristes s'attendrir à la pensée de cette communauté qui vient compléter la vie conjugale où « tout doit être en commun »... Et puis, au lieu de se prononcer pour la communauté universelle, comme il serait logique de le faire... Mais le moins de communauté possible, finissent-ils par dire : que la communauté soit réduite aux acquêts !

Il a été question tout à l'heure des inconvénients de la communauté. Il en est qui sont propres à telle ou à telle espèce de communauté ; d'autres sont l'apanage du régime en lui-même, quelle qu'en soit l'espèce.

D'une manière générale, on peut dire que la communauté est un régime dangereux pour la femme, dont l'avoir peut être plus ou moins gravement compromis, si ce n'est anéanti, par le fait du mari, chef de la communauté. Malgré toutes les garanties données à la femme (séparation de biens judiciaire, renonciation à la communauté, etc.), elle court toujours le risque de perdre tout ou partie de ses biens sans pouvoir effectivement l'empêcher.

Comme le dit fort bien M. Acollas, « la communauté est peut-être le pire trompe-l'œil qui existe dans nos lois,... cette communauté abusive et mensongère, où souvent la femme apporte tout ce qu'elle possède, tout ce qui constitue le fond commun, où elle ne peut disposer qu'avec la permission du mari qu'elle a enrichi, et dont souvent elle ne sort que dépouillée et ruinée. » — En outre, quoi de plus compliqué que la liquidation de la communauté ! sauf s'il s'agit d'une communauté universelle, où l'autre inconvénient est en revanche le plus considérable.

Le régime légal quant aux biens doit être équitable avant tout, simple, clair, facile à comprendre, sans embûches pour personne. A tous ces points de vue, la communauté est un régime condamné par la pratique. Dans les pays où il est en vigueur, on cherche volontiers à y échapper en faisant un contrat de mariage. Mais tous les ménages ne peuvent pas se payer le luxe d'un contrat, et le plus grand nombre subissent le régime légal, sans se rendre compte, au moment du mariage, des dangers qu'il présente pour la femme.

Voyons maintenant les reproches qui s'adressent aux régimes « sans communauté ». Ils ne sont pas moins graves, quoique d'un autre genre.

Et d'abord : sous ces régimes, l'avoir de la femme peut être compromis par la faute du mari, comme sous un régime de communauté, quelles que soient les mesures imaginées pour la sûreté de ses biens.

Mais le principal reproche spécial au régime exclusif de communauté ou de l'union des biens, reproche qui s'adresse également au régime dotal, c'est que toutes les économies et tous les bénéfices vont au mari, à l'exclusion de la femme, alors même que toute la fortune du ménage viendrait d'elle.

A cet égard, la supériorité de la communauté est incontestable, car elle attribue aux deux époux et répartit entre eux, à la dissolution du mariage, les bénéfices qui ont pu être réalisés pendant sa durée, ainsi que les économies : ce qui est de toute justice, font observer les partisans de la communauté, car les bénéfices, s'il y en a, sont dus le plus souvent à l'esprit d'ordre et d'économie de la femme, tout autant qu'au travail du mari.

Rien de plus juste que cette observation. La communauté de vie exige celle des bénéfices. Et sur ce point le régime de la communauté, notamment la communauté d'acquêts, paraît certainement plus conforme qu'aucun autre au but et à la nature du mariage.

S'il n'y avait pas d'autre moyen que l'adoption de la communauté pour arriver à une véritable solidarité dans le domaine des intérêts pécuniaires, les partisans de ce régime auraient beau jeu contre les partisans de tous les autres régimes.

Mais on peut arriver au résultat voulu, d'une manière beaucoup plus simple et plus parfaite, par une toute autre voie : à savoir par le droit de succession du conjoint survivant.

Nous avons dit précédemment que la question du meilleur régime quant aux biens ne se posait guère autrefois qu'entre la dotalité ou l'union des biens et la communauté d'une espèce ou d'une autre.

Mais de nos jours la question s'est transformée, et l'on se demande de divers côtés : le régime normal et rationnel, à défaut de contrat de mariage, ne serait-il pas celui de la *séparation de biens* ?

Il convient de rappeler d'abord, que la séparation de biens, soit le système de l'indépendance matrimoniale, est actuellement en vigueur, comme régime légal et de droit commun, dans plusieurs États de premier ordre de notre continent ; la Russie, l'Italie et la Grande-Bretagne, sans parler de l'Amérique.

Indépendamment des cas de séparation de biens

conventionnelle, ce régime s'est donc implanté et il s'est acclimaté chez les peuples les plus divers en fait d'organisation politique, en fait de culture et de mœurs, de langue, de race et de religion. On trouverait difficilement en Europe trois pays plus différents les uns des autres, à tous ces points de vue, que la Russie, l'Angleterre et l'Italie.

Ajoutons tout de suite que le système dont il s'agit a une portée beaucoup plus considérable en Russie et en Angleterre, des pays dont la législation ne traite point la femme en « incapable », qu'en Italie où subsiste la nécessité de l'autorisation maritale.

La séparation de biens est sans contredit le régime le plus simple et le plus clair pour les diverses parties en cause : pour les époux, comme pour les tiers. C'est aussi le régime le plus juste, le seul qui tienne réellement compte des droits de la femme.

Il ne sera pas hors de propos de mentionner le fait qu'un système d'égalité des droits pour les deux époux avait été adopté par le projet de Code civil de la Convention. Mais on commit l'erreur de vouloir se rattacher à la communauté, au lieu de se prononcer pour la séparation de biens dont le principe n'était alors pas encore bien compris.

Après avoir établi le principe de la communauté pour certaines catégories de biens, le Projet disait : « Les époux ont ou exercent un droit égal pour l'administration de leurs biens. — Tout acte emportant vente, engagement, obligation ou hypothèque, sur les biens de l'un ou l'autre, n'est valable s'il n'est consenti par l'un et par l'autre des époux. — Les actes ayant pour objet de conserver les droits communs ou individuels des époux peuvent être faits séparément par chacun d'eux. »

Un système analogue à celui du Code civil de la Convention a été proposé, il y a quelques années, par l'illustre Laurent, dans son avant-projet de revision du Code civil pour la Belgique.

M. Laurent, lui aussi, admettait le régime de la communauté comme régime légal. Mais, disait-il, « la communauté doit être administrée par les deux époux conjointement ». La femme pourra faire seule les actes d'administration journalière; quant aux actes de disposition des biens de la communauté, à titre gratuit ou onéreux, ils ne pourront être consentis que par les deux époux conjointement.

Nous sommes en présence d'une tendance intéressante à constater. Mais une pareille « administration à deux » est-elle chose réellement pratique et avantageuse ? Il est permis d'en douter. — Si cependant cela pouvait être, on serait en droit d'hésiter entre le régime de la « communauté universelle avec administration conjointe » et celui de la « séparation de biens » : les deux extrêmes, en fait de régimes matrimoniaux, mais les seuls qui soient conformes au principe de l'égalité des droits.

Toutefois, la séparation de biens paraît mieux répondre aux exigences de la pratique et au principe de la liberté, tout en respectant l'égalité.

A propos de l'indépendance mutuelle des époux quant à leurs biens, voici quelques lignes empruntées au *Cours de droit civil* de l'éminent jurisconsulte belge M. Arntz : « Les rapports personnels que le mariage établit entre les époux sont indépendants des droits qu'ils ont sur leurs biens. La séparation de leurs intérêts pécuniaires n'est pas inconciliable avec l'union intime de leurs personnes. Le mariage ne doit donc pas nécessairement changer les droits que chacun des époux avait sur ses biens avant d'être marié. » — Ces paroles méritent d'être méditées, surtout en Suisse, où l'on est généralement si peu libéral à cet égard.

La séparation de biens nous apparaît comme le régime des temps modernes et de l'avenir, par opposition à toutes les autres combinaisons qui sont des systèmes d'ancien régime. Laissons là les errements du passé avec toutes ses vieilleries et toutes ses entraves, pour marcher résolûment dans la voie de la justice et de la liberté !

Il y a d'ailleurs dans la communauté un élément absolument digne d'être conservé, un élément qui ne doit pas disparaître avec le régime lui-même : l'idée de la solidarité qui doit exister entre les époux ; et cette idée doit trouver son expression dans la loi. Mais ce n'est pas au régime légal des biens qu'il appartient de donner satisfaction à cette solidarité dans le domaine des intérêts pécuniaires. C'est par le « droit de succession du conjoint survivant », en donnant à celui-ci la première place dans la succession de l'époux prédécédé. — Il en sera question dans une étude spécialement consacrée à ce sujet.

Quel est en définitive le but de tout régime matrimonial ? — C'est, en premier lieu, de déterminer la part de chaque époux, et notamment de la femme, aux charges du ménage, le mari restant le principal obligé à cet égard. C'est, en second lieu, de régler ce qui concerne l'administration de leurs biens.

Or, quoi de plus simple et de plus rationnel que d'établir ceci : Chacun des époux contribuera aux charges du ménage en proportion de ses ressources, la responsabilité particulière du mari, en sa qualité de chef de la famille, restant d'ailleurs réservée. Et quant à l'administration, la femme doit conserver la direction de ses biens personnels, comme le mari la direction de ses biens à lui, sauf stipulation contraire par contrat de mariage. Bien entendu, la femme sera toujours libre de laisser à son mari l'administration de ce qu'elle possède; et dans la pratique, lorsque le ménage marche normalement, c'est ainsi que les choses se passent et se passeront, quel que soit le régime légal. Mais si la femme, pour une raison ou pour une autre, veut ressaisir l'administration de ce qui lui appartient, de quel droit l'en empêcher ?

De tous les régimes, celui de la séparation de biens est le plus clair et le plus simple, c'est aussi le seul véritablement équitable! — Le nombre de juristes qui sont arrivés à cette conclusion si naturelle s'accroît d'année en année.

Nous retrouvons ici un phénomène bien connu : c'est que très généralement l'espèce humaine passe par toute espèce de complications avant d'aboutir à la simplicité. Et quand ce qui est simple a été finalement découvert, on a toutes les peines du monde à comprendre qu'il ait fallu tant d'années, et quelquefois tant de siècles, pour y arriver !

Pour terminer ce chapitre, je rappellerai ce qu'a dit John-Stuart Mill à ce sujet :

« La règle à poser est simple : Tout ce qui appartiendrait au mari ou à la femme, s'ils n'étaient pas mariés, restera sous leur direction exclusive durant le mariage... Il y a des personnes dont les sentiments sont froissés à la pensée d'une séparation de biens comme d'une négation de l'idée du mariage, la fusion de deux vies en une. Pour ma part, je suis aussi énergiquement que personne pour la communauté de biens quand elle résulte d'une entière unité de sentiments entre les propriétaires, qui fait que tout entre eux est commun. Mais je n'ai aucun goût pour la doctrine en vertu de laquelle ce qui est à moi est à toi, sans que ce qui est à toi soit à moi; je ne voudrais d'un traité semblable avec personne, dût-il se faire à mon profit. — L'injustice de ce genre d'oppression qui pèse sur les femmes est généralement reconnue; on peut y remédier sans toucher aux autres points de la question, et nul doute qu'elle ne soit la première effacée. »

John-Stuart Mill a été bon prophète pour son pays. La loi anglaise de 1882 n'est au fond que l'application du principe qu'il avait posé. Son petit volume sur « l'Assujettissement des femmes » a d'ailleurs contribué à ce résultat pour une très grande part.

Ce que l'Angleterre a su faire en 1882, la France et la Suisse ne doivent pas tarder à l'imiter. Une chose qui est juste et bonne pour l'Angleterre, la Russie et les États-Unis, ne saurait être mauvaise pour les autres pays, à commencer par nos deux républiques!

V

LE DROIT DE LA FEMME SUR LE PRODUIT DE SON TRAVAIL

La femme mariée a-t-elle droit au produit de son travail? — Telle est la question que je me propose d'examiner ici.

Et d'abord, n'est-il pas étrange qu'une pareille question puisse être posée? car s'il est un principe qui soit universellement admis dans les contrées où n'existe plus l'esclavage, c'est que le produit du travail appartient et doit appartenir à celui qui en est l'auteur.

Toutefois, d'après la législation de certains pays qui nous touchent de près, il y a une exception en ce qui concerne la femme en puissance de mari.

Nous supposons donc une femme mariée, que les circonstances obligent à travailler pour gagner quelque chose, ou qui, sans y être obligée par la nécessité, se trouve en mesure de le faire : une femme écrivain, artiste, médecin, une maîtresse d'école, une actrice, une employée des postes ou des télégraphes, une ouvrière, une femme de ménage, etc.

Ce qu'elle gagne ainsi personnellement, en a-t-elle

la libre disposition? Cet argent lui appartient-il? En un mot, est-elle maîtresse de son gain?

La réponse à cette question varie selon le régime matrimonial sous lequel les époux sont placés, c'est-à-dire suivant les dispositions légales ou conventionnelles qui sont à la base de l'association conjugale dont il s'agit, au point de vue du règlement des intérêts pécuniaires.

1° Sous le régime de la *séparation de biens*, pour commencer par le plus simple, la femme reste en pleine possession des produits de son travail. Sous ce régime, en effet, la femme conserve la propriété, la jouissance et l'administration de ses biens. Tout ce que la loi lui demande, c'est de contribuer dans une certaine proportion aux charges du ménage. Mais ce qu'elle gagne lui appartient; c'est elle qui en dispose, comme le mari dispose de ses biens à lui.

Il en sera ainsi toutes les fois que les époux auront fait un contrat de mariage stipulant la séparation de biens. Il en sera de même, pour la grande masse des ménages, dans les pays dont le régime légal est celui de la séparation de biens.

2° Même solution sous le *régime dotal :* la femme étant alors effectivement à considérer comme séparée de biens à l'égard de tout ce qui n'a pas été constitué en dot. Le produit du travail personnel de la femme et les acquisitions qu'elle peut faire par ce moyen ne rentrant pas dans les biens dotaux, restent par conséquent à sa libre disposition et lui appartiennent en propre.

3° Qu'en est-il sous le régime « exclusif de communauté » ou de l'*union des biens?* régime d'après lequel le mari a l'usufruit et l'administration de tous les biens non spécialement réservés de la femme.

En France, la question est controversée.

Suivant les uns, le mari n'aurait pas droit, en sa qualité d'usufruitier, au produit du travail de sa femme. Suivant d'autres, au contraire, le mari ayant droit à tous les fruits ou revenus qui proviennent du fait de la femme, il aurait le droit de réclamer les produits du travail ou de l'industrie de celle-ci, ce travail ou cette industrie étant à envisager comme un capital dont les produits sont les fruits.

Sans prétendre trancher la controverse, la seconde solution semble plus conforme à l'esprit de la loi que la première : le régime dont il s'agit étant, d'une manière générale, pécuniairement désavantageux pour la femme.

Conventionnellement possible en France, le régime exclusif de communauté ou de l'union des biens n'y est, paraît-il, qu'assez rarement usité dans la pratique. — En revanche, c'est le système qui, sous un nom ou sous un autre, se rencontre comme « régime légal » dans le plus grand nombre des cantons de la Suisse.

Il en est notamment ainsi d'après le Code civil de Berne, avec son système de *Gütereinheit*. La loi ne s'exprime pas formellement à ce sujet; mais dans le commentaire de M. König, nous lisons ce qui suit : Ce que la femme gagne appartient au mari; alors même qu'il s'agit de gains qu'elle aurait faits en qualité de domestique, après avoir été autorisée par son mari à se mettre en service.

Dans les cantons de Vaud et de Fribourg, on parait d'accord pour admettre la même solution, bien que le Code vaudois ni le Code fribourgeois ne se prononcent plus catégoriquement sur ce point que ne le font le Code civil français ou celui de Berne.

Ailleurs encore, en Suisse, il en est de même.

Cependant le Code civil de Zurich, dont le régime est celui de la *Güterverbindung*, accorde à la femme certaines garanties que ne lui donnent pas les autres législations susmentionnées. D'après l'article 593, il est vrai : « Le mari a l'usage et la jouissance des biens de la femme. C'est à lui qu'appartiennent tous les fruits et revenus desdits biens, ainsi que le produit du travail de la femme, sous réserve des dispositions de l'article 622. » Mais l'article 594 ajoute : « Le droit du mari sur les gains de la femme et sur le revenu de ses biens est subordonné à la condition qu'il pourvoie d'une manière convenable à l'entretien de la femme et des enfants... »

4° Sous le régime de la *communauté*, les gains de la femme, comme ceux du mari, tombent en général dans la communauté, ainsi que les acquisitions qui auraient été faites au moyen de ces gains : qu'il s'agisse d'ailleurs de communauté universelle, ou réduite aux acquêts, ou de la communauté légale des meubles et des acquêts du droit français.

Les gains de la femme « tombent dans la communauté », autrement dit la loi les met à la disposition du mari, puisque c'est lui qui administre habituellement seul et sans contrôle les biens communs. Ainsi du moins en France.

Rappelons ici les dispositions du Code civil français : « Le mari administre seul les biens de la communauté. Il peut les vendre, aliéner et hypothéquer sans le concours de sa femme. — Il ne peut disposer entre vifs à titre gratuit des immeubles de la communauté, ni de l'universalité ou d'une quotité du mobilier, si ce n'est pour l'établissement des enfants communs. Il peut néanmoins disposer des effets mobiliers à titre gratuit et particulier, au profit de toutes personnes, pourvu qu'il ne s'en réserve pas l'usufruit ».

Il en est de même en Belgique, à Genève, dans le Jura bernois, et dans les autres contrées qui, ayant adopté la loi française, ne lui ont pas fait subir de modification sur ce point.

Le Code civil du canton de Neuchâtel, qui se montre généralement plus libéral et plus équitable que le Code Napoléon en ce qui concerne la femme mariée, ne lui garantit pas non plus le produit de son travail.

Même défaut de garantie dans le canton du Valais.

De tous les régimes c'est donc celui de la « communauté » qui est le plus essentiellement défavorable à la femme, au point de vue qui nous occupe; le régime exclusif de communauté ou de « l'union des biens » pouvant être, il est vrai, tout aussi mauvais à cet égard, ainsi que nous l'avons vu par l'exemple de Berne, de Vaud et Fribourg.

Au reste, il convient de remarquer que la communauté n'entraîne pas nécessairement ce résultat, pas plus d'ailleurs que le régime de l'union des biens. C'est ce que nous verrons dans la suite, en citant les lois des pays Scandinaves ainsi que le projet de Code civil pour l'empire d'Allemagne. Mais je parle de la communauté telle qu'elle est organisée par le droit français et les lois similaires, et de l'union des biens en droit suisse.

D'un pareil état de la législation, en France, en Belgique et dans la plupart des cantons suisses, résultent des conséquences déplorables, de véritables iniquités. De là, pour la femme, une situation légale qui, dans certains cas, ne vaut guère mieux que l'esclavage !

Quelques exemples pris dans la vie de tous les jours en diront plus que de longs développements, et mettront en lumière où en sont, sur ce point, des pays trop vantés pour leur libéralisme et leur esprit d'égalité. — Touchant ainsi du doigt l'une des plaies douloureuses de notre état social, nous pourrons chercher le remède qui convient à la situation.

Une femme gagne honorablement mais péniblement sa vie, au moyen de quelque travail manuel ou intellectuel, peu importe lequel. Elle y est forcée parce que son mari, négligeant ses devoirs, ne l'entretient pas, ni ses enfants. Il a plus ou moins abandonné les siens. Mais, de temps à autre, il apparaît : fait main basse sur ce qu'il trouve à la maison ; vend tout ou partie des effets mobiliers qui garnissent le logis, la machine à coudre que sa femme avait achetée avec le produit de son labeur quotidien et qui lui sert de gagne-pain... Et il s'en va.

Il est légalement dans son droit, ce mari, en vendant ces meubles ou en prenant cet argent. Ainsi, du moins, d'après la législation française, actuellement en vigueur en Belgique, à Genève, ailleurs encore. Ainsi, également, dans les cantons de Berne, de Vaud, de Fribourg, du Valais, de Neuchâtel, etc.... N'est-il pas seigneur et maître !

Un autre exemple. Lasse de subir les mauvais traitements de son mari et de vivre dans la misère avec ses enfants, aux besoins desquels celui-ci ne pourvoit pas, une femme s'engage comme domestique dans une famille de la localité ou des environs. Le mari laisse faire. Mais à la fin du mois ou du trimestre, il fait signifier au maître chez lequel sa femme est en place qu'on ait à lui payer à lui, le mari, les gages de sa femme... Il en a le droit !

Encore un exemple. Une pauvre femme va faire des journées. Elle n'a que peu de forces, mais elle travaille dur pour l'entretien des siens. Le soir, quand elle rentre à la maison, fatiguée, harassée, et qu'elle a dû encore mettre de l'ordre dans son propre ménage : Donne-moi le gain de ta journée ! lui dit son mari, qui empoche l'argent péniblement gagné par sa « compagne dans la vie » et s'en va le dépenser au cabaret, ou ailleurs... Il en a légalement le droit !

Et si le mari fait des dettes, ses créanciers pourront faire saisir l'argent gagné par la femme et se désintéresser ainsi sur les biens de celle-ci.

On pourrait multiplier les exemples. Les cas ne sont que trop fréquents. Pas n'est besoin de chercher longtemps ni d'aller bien loin, car ils abondent et il en est qui sont vraiment lamentables.

La femme n'a pas d'autre garantie que de s'adresser aux tribunaux pour en obtenir une séparation de biens. Mais l'irritation du mari ! et les difficultés de tous genres, pour ne pas dire les impossibilités qui s'opposent à ce qu'une femme pauvre puisse efficacement recourir à ce moyen !

Reste donc le divorce ou la séparation de corps : seule issue légale. Et la statistique nous montre que les femmes y recourent en grand nombre ; ce qui est fort naturel, puisque la loi ne leur offre que ce moyen pour sortir d'une situation intolérable.

Comme preuve à l'appui, voici quelques lignes empruntées au rapport publié en 1892, par le Bureau fédéral de statistique sur les affaires de divorce en Suisse durant ces dernières années :

« Parmi les 5432 demandes en divorce liquidées de 1886 à 1890, on en compte 1423 qui avaient été intentées par les deux parties, 1376 par l'homme seul, et 2633 par la femme seule. La femme se décide donc beaucoup plus souvent à demander le divorce que l'homme.

« Mais il se pourrait que les demandes en divorce intentées par les femmes fussent introduites plus à la légère, et qu'elles fussent moins bien fondées que celles des hommes? Les faits prouvent le contraire..., car sur cent demandes intentées par les hommes, il y a eu quatre-vingt divorces ou séparations de corps prononcés par les tribunaux et vingt rejets de la demande; tandis que sur cent demandes intentées par les femmes, il y a eu quatre-vingt-onze divorces ou séparations prononcés et neuf rejets de la demande.

« Les demandes en divorce des femmes sont donc non seulement plus fréquentes, mais elles sont encore en général reconnues mieux fondées par les tribunaux que celles des hommes. On en peut inférer que dans un assez grand nombre de cas la demande en divorce n'est autre chose que le dernier moyen de défense du conjoint qui se trouve dans une situation économique et légale inférieure contre l'époux plus favorisé, une protection invoquée par le plus faible contre le plus fort .. »

Et l'auteur du rapport ajoute :

« En présence de ces faits, on est tenté de ne considérer la diminution des divorces comme un progrès réel que quand elle aura été obtenue par une diminution des causes (réellement efficientes) de divorce, et non pas seulement parce qu'on aurait rendu cette dissolution du mariage plus difficile. Si des efforts faits dans la première de ces directions sont plus pénibles, il sont aussi beaucoup plus méritoires. »

Aussi longtemps que le mariage restera légalement organisé comme il l'est dans nos pays, en Suisse et en France, c'est-à-dire sans garanties suffisantes pour la femme : qu'on se garde bien d'entourer le divorce de trop de difficultés, puisqu'en définitive c'est fréquemment pour la femme l'unique moyen qui lui permette de sortir de misère.

Ce qu'il faut, ce n'est pas une modification de la loi du divorce dans le sens de la restriction, c'est une réforme de la loi du mariage, sur le point qui nous occupe et sur d'autres encore. C'est aux causes du mal qu'il s'agit de remonter et qu'il faut s'en prendre, et non pas à ses effets.

Mais tout le monde sera d'accord pour penser que le divorce n'est pas une solution idéale. Cherchons donc à rendre la maison habitable pour la femme, afin qu'elle ait autre chose à faire qu'à forcer la porte pour en sortir.

Nous avons constaté l'état plus que défectueux de la législation de la France et de la plupart des cantons suisses, en ce qui concerne le droit de la femme mariée sur le produit de son travail. — En est-il partout de même? Une étude comparative des principales législations des autres pays répond négativement à cette question.

Mais quelques mots d'abord d'un premier pas qui aurait été fait, en France même, en faveur de la femme mariée et pour la garantie de ses intérêts.

D'après l'article 6 de la loi du 9 avril 1881 portant création d'une Caisse d'épargne postale : « Les femmes mariées, quel que soit le régime de leur contrat de mariage, seront admises à se faire ouvrir des livrets sans l'assistance de leurs maris; elles pourront retirer sans cette assistance les sommes inscrites aux livrets ainsi ouverts, — sauf opposition de la part de leurs maris. »

N'était ce dernier membre de phrase, nous serions effectivement en présence d'un « premier pas dans le sens de l'extension de la capacité de la femme mariée », comme on l'a soutenu.

La femme peut placer à la caisse d'épargne l'argent qu'elle gagne. Fort bien. Mais s'il y a « communauté légale », ce qui sera presque toujours le cas lorsqu'il s'agit de gens qui placent à la caisse d'épargne, le mari peut faire opposition à ce que la femme retire son argent : la loi le dit expressément. Mais il y a plus encore. Le mari peut toucher lui-même, en totalité ou en partie, les sommes placées par sa femme : maître de la communauté, l'administration des biens qui en dépendent lui appartient en effet sans conteste.

En réalité, il n'y a par conséquent pas grande garantie pour la femme dans cette institution, malgré tout ce qu'on a pu dire à ce sujet, et quelque intéressante qu'elle soit du reste.

Pour que la disposition dont il s'agit fût réellement efficace, il faudrait qu'il y eût : « La femme est *seule* admise à retirer les sommes déposées, sauf opposition du mari en cas de détournement », ainsi qu'on le propose actuellement en Belgique. (Projet Frank.)

Voyons maintenant ce qui a été fait ailleurs, afin de nous rendre compte de ce qui peut et de ce qui doit être fait pour améliorer notre propre législation, en France et en Suisse.

Nombreux sont les pays dont la loi est infiniment supérieure à la nôtre, sur le point en question.

Il y a d'abord les divers pays dont le régime légal est celui de la « séparation de biens », puisque sous ce régime les gains de la femme lui appartiennent en propre et restent à sa libre disposition, sauf pour elle à contribuer, dans la mesure voulue, aux charges du ménage.

Tel est le cas de la *Russie*, de l'*Italie*, de l'*Angleterre* et de plusieurs États de l'*Amérique*. — Nous reviendrons tout à l'heure sur la législation anglaise, dont l'exemple est particulièrement instructif.

Mais il y a d'autres pays, dont le régime légal n'est pas celui de la séparation de biens, et qui ont récemment réformé leurs lois matrimoniales en vue de garantir à la femme mariée le produit de son travail. Je mentionnerai notamment la Suède, le Danemark, la Norvège et le projet de Code civil pour l'empire d'Allemagne.

Suède. — D'après la loi du 11 décembre 1874, la femme a le droit de disposer librement de ce qu'elle peut gagner par son travail personnel.

Danemark. — Le 7 mai 1880, sur l'initiative du député M. Frédéric Bajer, initiative appuyée par une pétition de près de trois mille femmes, le gouvernement danois a promulgué une « Loi sur la capacité des femmes mariées de disposer du produit de leur industrie personnelle ».

L'article premier de cette loi s'exprime en ces termes : « La femme mariée a le droit de disposer, seule et sans le consentement de son mari ni d'aucun autre tuteur, des produits de son industrie personnelle (lorsque cette industrie n'est point alimentée ou entretenue en majeure partie des deniers du mari et de la communauté), ainsi que de tous les objets qui sont prouvés avoir été acquis par l'exercice de cette industrie. Les dettes du mari ne peuvent être exécutées sur ces biens pendant la vie de la femme, à moins que celle-ci n'ait consenti à l'obligation. »

La loi danoise établit ainsi pour la femme mariée une espèce de séparation de biens en ce qui concerne ses gains et le produit de son industrie. On a donc procédé, dans ce pays, à une réforme partielle du droit en vigueur, sans porter d'ailleurs atteinte à l'ensemble du système matrimonial.

Norvège. — Une loi toute récente, elle est du 29 juin 1888, a été promulguée « sur le régime des biens entre époux ».

La Norvège est un pays de communauté légale, mais d'une espèce qui n'a que d'assez lointaines analogies avec le régime du Code français, ainsi qu'il est facile de s'en convaincre par la lecture des dispositions suivantes :

« La femme mariée a la même capacité que la femme non mariée, et dispose de ses biens sous les restrictions indiquées dans la présente loi... La communauté est administrée par le mari seul. Toutefois, il ne peut, sans le consentement de sa femme, en aliéner plus du dixième à titre gratuit... Chacun des époux administre ses propres biens, à moins que l'administration n'en ait été attribuée par disposition ou convention spéciale, à l'autorité tutélaire ou à quelque autre. »

« La femme a le droit, même lorsqu'il y a communauté, et que par suite les produits de son industrie personnelle sont biens communs, de disposer exclusivement de ce qu'elle gagne par cette industrie, ainsi que de toutes acquisitions qui sont prouvées provenir de ses gains. Ces biens sont soustraits, du vivant de la femme, à l'exécution des dettes contractées par le mari sans son consentement exprès. Ces dispositions sont sans application aux produits des industries qui exigent un capital considérable, quand ce capital a été, pour le tout ou en majeure partie, constitué pour le compte du mari. » (Art. 31.)

Rapprochez de ces dispositions les articles du Code français ou ceux des divers Codes civils de la Suisse, et dites ce que vous en pensez!... De quel côté est la justice?

Allemagne. — A l'heure actuelle, il y a plus de cent régimes matrimoniaux, plus ou moins divergents les uns des autres, en vigueur dans les différentes contrées dont se compose l'empire d'Allemagne. Mais l'unification du droit civil se prépare, et sera bientôt chose faite.

D'après le projet de Code civil qui a vu le jour en 1888, le régime légal serait, pour tous les États de l'empire, un régime d'union des biens, une espèce de combinaison du système germanique de la communauté et du système romain de la dotalité : quelque chose d'analogue au régime « exclusif de communauté » du droit français, mais beaucoup mieux organisé, surtout au point de vue des droits de la femme. Voici quelques indications sur le système du Projet allemand.

A côté et en dehors des biens de la femme dont l'administration et la jouissance appartiennent au mari, il y a des biens « réservés », sur lesquels la femme conserve une pleine et entière liberté de disposition, comme si elle n'était pas mariée. Et parmi ces biens réservés, le Projet fait expressément figurer les biens que la femme aurait acquis par son travail, en dehors de la collaboration personnelle dont elle est tenue envers son mari, ou par l'exercice d'une profession ou d'une industrie indépendante (art. 1289).

D'après le projet de Code civil pour l'empire d'Allemagne, comme en Suède depuis 1874, en Danemark depuis 1880 et en Norvège depuis 1888, la femme est donc à considérer comme « séparée de biens » en ce qui concerne le produit de son travail. Et cela, alors même que le régime légal de ces différents pays n'est pas celui de la séparation de biens.

Les femmes de la France, de la Suisse et de la Belgique doivent-elles rester plus longtemps encore dans l'état d'infériorité légale qui est leur partage, comparativement à ce qui existe en Russie, en Italie, en Angleterre, en Suède, dans le Danemark, en Norvège, et bientôt dans toute l'Allemagne, sans parler des États-Unis et de quelques autres contrées encore?

Je sais bien que beaucoup de femmes n'ont pas à souffrir personnellement de la mauvaise législation de leur pays, et qu'elles ne se plaignent pas d'un état de choses qui ne les atteint pas directement et qu'elles ignorent d'ailleurs pour la plupart.

Quant à la femme pauvre et maltraitée, elle ne peut pas se faire entendre; du reste, elle ne sait pas que c'est à la loi que remonte, en grande partie, la cause de ses misères : elle se soumet donc, avec ou sans résignation, à ce qu'elle envisage comme une conséquence plus ou moins inévitable du mariage. — C'est précisément au nom de la femme pauvre et maltraitée, victime d'une législation inhumaine et souverainement injuste, que les *juristes* doivent enfin élever la voix, les juristes qui trop souvent ont mérité le reproche de ne prêter l'oreille qu'aux puissants de ce monde et de ne savoir prendre la parole que pour qui peut les payer!

Mais comment porter remède à la situation dont il s'agit, et quelles doivent être les réformes légales à opérer dans ce domaine?

Il serait difficile de mieux répondre à cette question, me semble-t-il, qu'en invoquant ce qui a été fait dans le Royaume-Uni de Grande-Bretagne et d'Irlande, qui a récemment transformé de fond en comble sa législation en matière de droit matrimonial quant aux biens, suivant l'exemple des États-Unis.

En *Angleterre*, il y a quelque vingt ans encore, l'effet légal du mariage pouvait se résumer en peu de mots : absorption de la personnalité de la femme par celle du mari.

Avant 1870, le droit coutumier de ce pays attribuait au mari la propriété complète et sans réserve de tous les biens meubles de la femme. Quant aux immeubles, celle-ci en conservait la propriété, mais le mari en avait l'administration et l'usufruit. La femme était d'ailleurs, pour ainsi dire, sans personnalité civile : elle ne pouvait ester en justice, ni accomplir aucun acte, fût-ce avec le concours de son mari ; elle ne pouvait pas même faire un testament qui fût légalement valable.

La jurisprudence des Cours d'équité avait réagi, dans une certaine mesure, contre un tel système d'effacement et d'absorption, en permettant de constituer à la femme un patrimoine propre et séparé. Mais c'était une de ces mesures qui ne peuvent intéresser qu'une classe très restreinte de personnes.

Quant aux gages de la femme ouvrière et aux gains de la femme artiste ou écrivain, ils continuaient à ne jouir d'aucune protection : ils étaient toujours à la merci du mari.

Toutefois, il y a lieu de mentionner une disposition spéciale de la loi de 1857 sur le divorce, en vertu de laquelle une femme abandonnée par son mari put obtenir du juge une ordonnance à l'effet de rester seule maîtresse de ce qu'elle pourrait acquérir depuis le départ de celui-ci : disposition intéressante à relever, car elle fait pressentir et laisse entrevoir comme une aube, bien pâle encore il est vrai, d'un jour meilleur pour la femme au point de vue de sa condition légale dans le mariage.

Mais, hormis le cas d'abandon proprement dit de la part du mari, celui-ci restait libre de dissiper tout l'avoir du ménage et de dépenser à sa guise les gains laborieusement amassés par sa compagne : comme actuellement encore en France et en Suisse.

La loi du 9 août 1870 vint apporter un remède à cet état de choses, et commencer la transformation du droit matrimonial de l'Angleterre, dans le domaine des intérêts pécuniaires.

L'article 1er de cette loi garantit expressément à la

femme mariée le produit de son travail. Ses gages ainsi que les gains par elle réalisés dans un emploi, par le fait d'un commerce séparé ou par suite de travaux littéraires, artistiques ou scientifiques, sont déclarés lui appartenir et rester à sa disposition exclusive : la femme étant libre de placer les sommes dont il s'agit, suivant ses convenances, dans une caisse d'épargne, en rentes sur l'État, ou autrement.

Ces dispositions, nous dit M. Barclay dans l'excellente brochure qu'il a consacrée à la législation anglaise sur ce sujet, s'appliquaient à toutes les femmes : qu'elles eussent été mariées avant la mise en vigueur de la loi, ou après. D'autres articles concernent seulement les femmes mariées depuis la promulgation de ladite loi, et leur accordent différents autres avantages, au détail desquels il n'est pas nécessaire de nous arrêter. La femme reçut aussi le droit de s'adresser personnellement aux tribunaux pour les actions relatives à ses biens propres.

Telles sont les principales dispositions de la loi de 1870, une loi de justice et de liberté. Mais la réforme ne devait pas s'arrêter en si beau chemin.

Douze ans plus tard, en effet, le 18 août 1882, une loi nouvelle fut promulguée sur la matière, loi générale destinée à refondre et à « consolider », en les réformant, les différentes règles de droit relativement aux biens de la femme mariée : *The married Women's Property Act*, 1882.

D'après cette loi, qui fut déclarée applicable à l'Angleterre et à l'Irlande, l'Écosse ayant déjà depuis l'année précédente une loi tout à fait analogue, la femme mariée est capable d'acquérir et de disposer. Elle possède comme « propriété séparée », tous les biens dont elle est propriétaire au moment de son mariage, ainsi que ceux qu'elle acquiert au cours du mariage par succession ou par donation, comme bénéfice dans l'exercice d'une profession séparée, ou par ses talents artistiques, littéraires ou scientifiques.

La réforme inaugurée en 1870, pour certaines catégories de biens seulement, a donc été étendue en 1882 à tous les biens de la femme, désormais libre de posséder, d'acquérir et de disposer, comme si elle n'était pas mariée.

Elle peut s'obliger par contrat jusqu'à concurrence de ses biens propres. Elle peut ester en justice, sans qu'il soit besoin de mettre le mari en cause. L'administration et la jouissance de son patrimoine lui appartiennent, comme au mari l'administration et la jouissance de son patrimoine à lui : les charges du mariage se répartissant entre les époux en proportion de leurs facultés respectives, conformément au principe généralement admis lorsqu'il y a séparation de biens (judiciaire ou conventionnelle).

Bien entendu, rien n'empêche la femme de laisser à son mari l'administration de son avoir; et dans la pratique, sans doute, il en est souvent ainsi. Un contrat de mariage peut d'ailleurs être passé entre les futurs époux avant le mariage, et donner au mari l'administration et la jouissance des biens provenant de la femme; mais pour qu'il en soit ainsi, il faut une convention expresse.

En résumé, la femme mariée jouit actuellement, dans le Royaume-Uni de Grande-Bretagne et d'Irlande, d'une indépendance pécuniaire complète, qui fait naturellement ressentir son contre-coup sur les rapports personnels des conjoints; ce qui est d'autant plus remarquable que la législation anglaise était, il y a peu d'années encore, une des moins libérales et des plus arriérées à cet égard.

L'Angleterre n'a fait d'ailleurs que suivre l'exemple donné de l'autre côté de l'Atlantique par plusieurs des États de l'Union américaine, notamment à New-York. Mais elle a su le suivre !

Comparer la législation britannique avec le Code français ou avec celui de n'importe lequel des cantons de la Suisse, en matière de droit matrimonial quant aux biens : c'est établir la comparaison entre un régime d'égalité et de liberté d'une part, un régime de servitude et d'inégalité d'autre part. Et ce n'est pas dans nos républiques à bruyantes prétentions démocratiques ou libérales que se trouve la solution conforme à la justice !

N'y aurait-il donc rien à faire, rien à espérer, en fait de réformes légales, dans les deux pays que nous visons plus spécialement ?

En France, un projet de loi dont la rédaction première est due aux honorables et distingués professeurs de la Faculté de droit de Paris, MM. Jalabert et Glasson, a récemment vu le jour ; projet destiné à porter remède à l'état de choses résultant des dispositions détestables et des lacunes du Code civil sur le point qui nous occupe. En voici l'un des articles :

« Lorsque le mari met par son inconduite les intérêts du ménage en péril, la femme peut, sans demander la séparation de biens, obtenir de la justice le droit de toucher elle-même les produits de son travail et d'en disposer librement. »

On le voit, c'est une imitation timide de ce qui a été

fait ailleurs pour garantir les gains de la femme. Une disposition de ce genre vaudrait certainement mieux que ce qui existe aujourd'hui. Combien cependant n'est-elle pas défectueuse ! Le droit de la femme mariée sur le produit de son travail est un *droit* qui doit être expressément formulé par la loi, et non pas une espèce de faveur que la femme aurait à « obtenir de la justice » dans tel cas particulièrement grave, ainsi qu'on le propose.

A cet égard, l'article en question, assurément dicté par les meilleures intentions et qui témoigne du besoin de plus en plus ressenti d'une modification du code sur le point dont il s'agit, me paraît tout à fait insuffisant.

Si l'on n'ose pas, ou si l'on ne veut pas aller jusqu'à la solution vraiment libérale de la loi anglaise de 1882, qu'on ne fasse pourtant pas moins que n'ont fait l'Angleterre dès 1870, la Suède en 1874, le Danemark en 1880, la Norvège depuis 1888, et que propose de le faire le projet de Code civil pour l'empire d'Allemagne !

Une autre disposition du projet Glasson-Jalabert, disposition plus heureusement formulée, à mon avis, bien que peut-être trop faible encore, semble-t-il, est la suivante :

« En cas d'abandon, la femme peut en outre obtenir du juge de paix l'autorisation de saisir-arrêter et de toucher les deux tiers des salaires ou émoluments du mari, si elle a à sa charge des enfants issus du mariage ; le tiers, si elle n'en a pas. »

Bien qu'il ne soit plus ici question du droit de la femme au produit de son travail, mais du droit qu'ont la femme et les enfants à être entretenus par le père et mari, les deux situations offrent assez d'analogies, elles sont assez connexes, pour qu'il soit naturel de dire quelques mots de la seconde hypothèse prévue par les auteurs de la proposition.

Pour bien préciser le cas dont il s'agit, prenons un exemple.

Une femme, chargée d'enfants et absorbée par les soins du ménage, ne reçoit pas ce que devrait et pourrait lui donner son mari, qui s'affranchit plus ou moins complètement de ses devoirs de chef de famille. C'est d'ailleurs un habile ouvrier, et le prix de ses journées suffirait pour l'entretien des siens. Mais il ne fait rien pour eux, il les abandonne ; ou, sans que les choses aillent aussi loin dans la voie de l'abandon, sur les dix francs qu'il gagne, je suppose, il n'en remet à sa femme que deux ou trois pour les besoins du ménage, gardant le reste pour ses plaisirs ou ses dépenses personnelles.

En vertu de l'article 214 du Code civil, « le mari est obligé de fournir à sa femme tout ce qui est nécessaire pour les besoins de la vie, selon ses facultés et son état ». Et l'article 203 dispose que « les époux contractent ensemble, par le fait seul du mariage, l'obligation de nourrir, entretenir et élever leurs enfants ».

Mais ces dispositions manquent d'une *sanction* suffisante effective, sauf le droit qu'a la femme de demander le divorce ou la séparation de corps si le mari ne remplit pas ses devoirs. La nécessité d'une réforme s'impose par conséquent sur ce point, comme en ce qui concerne la protection des gains de la femme.

L'article projeté et ci-dessus transcrit, me paraît donc pleinement justifié. Seulement, les mots « en cas d'abandon » ne sont-ils pas trop restrictifs ? Souvent, en effet, le mari qu'il s'agit d'atteindre ne saurait être accusé d'abandonner positivement sa famille; il se borne à ne pas faire pour elle ce que la loi exige qu'il fasse : il ne l'entretient pas, ou ne l'entretient pas suivant ses moyens, ainsi qu'il devrait le faire.

A l'appui d'une réforme dans le sens d'un droit de saisie, ou de quelque autre mesure de ce genre, il convient de rappeler l'existence de plusieurs dispositions légales, anciennes déjà, mais qui sont toujours en vigueur en France.

C'est d'abord un avis du Conseil d'État, du 11 janvier 1808, sur la retenue dont la pension d'un militaire peut être susceptible en faveur de sa femme et de ses enfants. « Le Conseil d'État est d'avis, lisons-nous dans ce document, que le ministre de la guerre peut ordonner une retenue du tiers au plus, sur la pension ou solde de retraite de tout militaire qui ne remplirait pas, à l'égard de sa femme et de ses enfants, les obligations qui lui sont imposées par les chapitres V et VI du titre V du livre Ier du Code Napoléon ; sauf le recours du mari au Conseil d'État, dans le cas où il se croirait lésé par la décision du ministre. »

L'article 28 de la loi du 11 avril 1831 sur les pensions de l'armée de terre, et l'article 30 de la loi du 18 avril de la même année sur les pensions de l'armée de mer statuent que lesdites pensions « sont incessibles et insaisissables, excepté dans le cas de débet envers l'État, ou dans les circonstances prévues par les articles 203 et 205 du Code Napoléon… »

Une autre disposition du même genre se trouve dans l'article 20 de la loi du 10 mai 1834 sur l'état des officiers : « Les pensions de réforme accordées après vingt ans de service seront inscrites au livre des pensions du trésor public. Elles seront, comme les pensions de retraite, incessibles et insaisissables, excepté dans le cas de débet envers l'État, ou dans les circonstances prévues par les articles 203, 205 et 214 du Code civil. Dans ces deux cas, les pensions de réforme sont passibles de retenues qui ne peuvent excéder le cinquième pour cause de débet, et le tiers pour aliments. »

Ce qui est juste alors qu'il s'agit de la femme ou des enfants d'un militaire, ne le serait-il pas également lorsqu'il s'agit de la femme ou des enfants de tout autre citoyen ?

Mais revenons à notre sujet, et concluons.

Quelles réformes légales sont donc à réaliser en matière de droit matrimonial quant aux biens, spécialement en ce qui concerne le droit de la femme mariée sur le produit de son travail personnel ?

On pourrait se borner à la réforme partielle opérée dès 1870 en Angleterre et dès lors dans les trois pays Scandinaves, réforme qui figure aussi dans le projet de Code civil allemand : garantir à la femme mariée, par une disposition formelle de la loi le droit au produit de son travail ; en complétant cette réforme par une sanction efficace donnée aux obligations prévues par les articles 203 et 214 du Code civil, sans toucher d'ailleurs au régime actuellement en vigueur.

Cela serait assurément déjà quelque chose. Et cette réforme s'impose, dans tous les cas, quel que soit le régime légal quant aux biens ; elle est d'une absolue nécessité pour mettre fin à un état de choses d'où peuvent résulter et d'où résultent effectivement des conséquences révoltantes.

Mais la réforme ne devrait-elle pas être plus complète? et ne serait-il pas préférable d'aboutir tout d'un temps à l'adoption de la « séparation de biens » comme régime légal et de droit commun, c'est-à-dire à l'indépendance de la femme quant à ses biens en général? quitte aux époux à convenir de tel autre arrangement matrimonial, si bon leur semble.

L'exemple si instructif de l'Angleterre, qui a commencé par la réforme partielle de 1870 pour en arriver, douze ans plus tard, à la réforme radicale que nous avons vue; le fait que la séparation de biens est le régime actuellement en vigueur d'après la législation des trois plus grandes puissances du monde occidental (la Russie, la Grande-Bretagne et les États-Unis); les avantages multiples que présente à tant d'égards ce régime, le plus simple et le plus équitable de tous; la tendance de plus en plus marquée de la civilisation moderne à concéder à la femme les mêmes droits qu'à l'homme : ne voilà-t-il pas des raisons suffisantes pour décider la France, la Belgique et la Suisse à renoncer aux errements du passé pour se rallier à la cause du progrès?

Quoi qu'il en soit de cette réforme générale, en fait de régime quant aux biens, réforme qui a certainement pour elle l'avenir et qu'il serait bon d'effectuer le plus promptement possible, la réforme partielle concernant le droit de la femme au produit de son travail est une réforme sociale et juridique nécessaire, et la justice la plus élémentaire exige qu'il y soit procédé sans retard.

VI

LE DROIT DE SUCCESSION DU CONJOINT SURVIVANT

Parmi les personnes éventuellement appelées à recueillir les biens d'un individu décédé sans en avoir disposé par testament, on peut distinguer les catégories suivantes :

1° Le conjoint; 2° les descendants légitimes; 3° les enfants naturels; 4° les frères et sœurs et leur postérité; 5° les ascendants; 6° les collatéraux ordinaires, soit les apparentés qui ne figurent dans aucune des classes précédentes; enfin, 7° la collectivité, le plus souvent représentée par l'État.

En présence de tant de successeurs possibles, dans quelle mesure le conjoint survivant prendra-t-il part à la succession de l'époux prédécédé? Quelle est la place qui lui est faite, et qui doit lui être faite, au point de vue successoral?

Telle est la question que je me propose d'étudier dans ce chapitre, en consultant les principales législations contemporaines, dont la plus ancienne est le Code civil français de 1804, et la plus récente la loi française du 9 mars 1891.

Mais il est un point sur lequel nous devons nous arrêter quelques instants pour commencer, bien qu'à première vue il ne rentre pas directement dans notre sujet : à savoir jusqu'à quels apparentés s'étend le droit de succession *ab intestat*; autrement dit, quel est le degré de « successibilité ».

Tandis que plusieurs législations ne fixent aucune limite à cet égard, admettant à la succession les parents les plus éloignés, s'il n'y a d'ailleurs pas de parents plus rapprochés; d'autres législations, au contraire, limitent la successibilité à un certain degré de parenté, au delà duquel il n'y a plus de rapports de succession, la détermination de cette limite variant du reste beaucoup d'un pays à l'autre.

Appartiennent au premier système, c'est-à-dire ne fixent aucune limite : la *Russie*, l'*Angleterre*, le plus grand nombre des États de l'*Allemagne*, et environ la moitié des cantons de la *Suisse* (*Berne*, *Lucerne*, les *Grisons*, etc.). Le *projet de Code civil allemand* appartient également à ce groupe de législations.

Parmi les pays qui constituent le second groupe, c'est-à-dire dont la loi limite le droit de succession des collatéraux à un certain degré de parenté, se manifestent des divergences considérables.

En *France*, les parents au delà du douzième degré ne sont plus successibles. C'est ainsi que des arrière-petits-enfants de cousins issus de germains peuvent encore être appelés à succéder les uns aux autres; mais entre personnes qui seraient apparentées à un degré plus éloigné, il n'y a plus de succession. Ont suivi le Code français sur ce point : la *Belgique* et les *Pays-Bas*, ainsi que les cantons suisses de *Neuchâtel*, de *Fribourg*, de *Thurgovie* et le *Jura bernois*.

Ailleurs, la limite a été fixée au dixième degré. Il en est ainsi en *Italie*, dans le *Wurtemberg*, dans les cantons de *Vaud*, du *Tessin* et de *Saint-Gall*. On peut ranger ici l'*Autriche* également, où la successibilité s'étend jusques et y compris la sixième « parentelle » ; c'est-à-dire que les divers descendants d'un même quatrième aïeul succèdent encore les uns aux autres, mais non plus ceux dont la parenté remonte à un ancêtre plus reculé. (C. c. autr., art. 748 à 751.)

Le droit de succession s'arrête au huitième degré dans le *Valais* et à *Genève*. Dans ce dernier canton, le système français du douzième degré a été en vigueur jusqu'en 1874.

La limite a été fixée au sixième degré en *Espagne*, par le nouveau Code civil de 1889; auparavant, la successibilité s'étendait dans ce pays jusqu'au dixième degré, comme en Italie.

A *Bâle*, depuis 1884, des parents au delà du cinquième degré ne sont plus appelés à la succession les uns des autres.

Le Code civil de *Zurich*, de 1887, laisse encore venir à la succession la parentèle des grands-parents ainsi que les arrière-grands-parents, mais non pas les descendants de ces derniers. Sont donc au nombre des successibles le grand-père et la grand'mère, ainsi que les divers apparentés qui descendent desdits aïeuls : oncles et tantes, cousins germains et leur postérité; viennent ensuite encore les bisaïeuls, s'il y en a, mais un grand-oncle ou ses descendants ne figurent plus parmi les successibles.

Des cousins issus de germains, qui constituent la dernière classe de parents successibles en Espagne, ne sont plus au degré voulu pour pouvoir succéder *ab intestat* à Zurich ni à Bâle. — Si je rapproche ces trois législations, c'est que, toutes trois récentes, elles vont aussi moins loin que toutes les autres dans l'admission des collatéraux.

Et l'on pourrait certainement fixer la limite à un degré plus rapproché, ainsi que la proposition en a été faite. La tendance contemporaine se prononce du reste très positivement dans le sens d'une plus grande restriction apportée à la successibilité.

La question présente un intérêt social de premier ordre. Il s'agit, en effet, de savoir qui, de l'État ou des membres relativement éloignés de la famille, est le plus en droit de prétendre aux biens laissés par une personne décédée sans en avoir disposé.

La liberté de tester restant absolument hors de cause, pourquoi donc appeler à la succession d'une personne ses parents éloignés, des indifférents, parfois des inconnus ou des gens dont la parenté vient à se révéler et se manifeste au moment où il y a quelque chose à gagner ?

N'est-il pas plus normal que la succession dont il s'agit soit dévolue à la *collectivité*, envers laquelle le défunt a des obligations multiples, tandis qu'il n'en a généralement guère à l'égard de ses parents éloignés? Tout le monde s'en trouverait bien, à commencer par les gens que l'on habituerait à compter sur eux-mêmes plus que sur des éventualités de fortune.

Les seuls éléments qu'il soit, semble-t-il, normal de prendre en considération, au point de vue de la succession *ab intestat*, sont le conjoint et les descendants, auxquels on peut ajouter encore les père et mère, ainsi que les frères et sœurs et leur postérité. Quant aux collatéraux ordinaires, il serait certainement plus rationnel de les exclure du nombre des successibles ; sauf, bien entendu, le droit du défunt de tester en leur faveur.

Mais nous n'avons pas à nous étendre davantage sur cette question. Et, cela dit, nous abordons notre sujet, en commençant par un aperçu des principales législations actuellement en vigueur ; après quoi nous passerons à l'examen comparatif des systèmes.

APERÇU DES PRINCIPALES LÉGISLATIONS

France. — Malgré les traditions séculaires du droit romain et du droit coutumier, traditions en vertu desquelles, sous l'ancien régime, le sort du conjoint survivant était plus ou moins assuré d'une manière ou d'une autre, au point de vue successoral : les auteurs du Code civil ont trouvé moyen non pas de l'oublier complètement, auquel cas il serait peut-être permis de parler d'une omission involontaire ; mais ils ont trouvé moyen de rédiger le fameux article 767 : « Lorsque le défunt ne laisse ni parents au degré successible, ni enfants naturels, les biens de la succession appartiennent au conjoint non divorcé qui lui survit... » Et c'est tout !

Un pareil état de choses a duré du 29 avril 1803, date de la promulgation du Titre des Successions, jusqu'au 9 mars 1891, où fut enfin rendue une loi destinée à remédier à l'inqualifiable lacune du Code, loi sur laquelle nous reviendrons dans un instant.

Mais si les dispositions du Code primitif ont été modifiées dans le pays qui leur avait donné le jour, elles continuent à déployer leur effet en *Belgique* et dans quelques autres contrées où elles sont actuellement encore en vigueur.

Le conjoint se trouvait donc absolument sacrifié aux membres de la « famille » du défunt, même aux plus éloignés pourvu qu'ils fussent en deçà du douzième degré.

Sans doute, en vertu de l'article 384, si des enfants étaient issus du mariage, le parent survivant avait un usufruit portant sur leurs biens, mais seulement aussi longtemps que les enfants n'avaient pas atteint l'âge de dix-huit ans ; à partir de ce jour, le conjoint restait légalement privé de tout.

Et s'il n'y avait pas d'enfants, le conjoint se trouvait sans aucun droit, ni d'une espèce, ni d'une autre ; tous les biens du prédécédé étaient dévolus aux membres de sa « famille ». Quant au conjoint, il ne faisait point partie de la famille !

Qu'une énormité pareille ait pu subsister quatre-vingt-huit ans dans un pays dont la législation subissait cependant toute espèce de modifications, cela restera toujours un phénomène social et juridique... des plus étranges !

Mais, dira-t-on peut-être, le régime légal de la communauté remédiait aux inconvénients du système, puisqu'à la dissolution du mariage il se fait un partage entre les époux ou leurs héritiers. C'est vrai. Cependant, il pouvait arriver que toute la fortune du prédécédé consistât en immeubles, alors que le survivant n'avait pas de biens personnels. Dans ce cas, le conjoint ne recevait rien, puisque, sous le régime légal, les immeubles ne tombent pas en communauté.

Pour que la communauté puisse être considérée comme remédiant à l'absence de tout droit de succession en faveur du conjoint, le régime légal doit être celui de la communauté universelle. Il en est effectivement ainsi dans les *Pays-Bas*, dont le Code a reproduit la règle de l'article 767, mais où elle se trouve corrigée par le fait d'une communauté universelle. (Code civil néerlandais, art. 879 et 174.)

Dans la pratique, les époux remédiaient souvent eux-mêmes à l'état défectueux de la législation au moyen de dispositions testamentaires, ou bien par conventions matrimoniales. Mais le plus grand nombre des ménages ne font pas de contrat de mariage, la statistique nous l'apprend; et combien de gens qui n'ont pas l'idée de faire un testament, pensant pouvoir s'en rapporter à la loi de leur pays!

Si le législateur ne voulait pas qu'une partie des biens du défunt pût courir le risque d'être enlevée à sa famille pour passer dans celle du conjoint, par l'intermédiaire de celui-ci, il aurait pu n'accorder au survivant qu'un droit en usufruit.

C'est ce qu'a fait la *loi du 9 mars* 1891, d'après laquelle le conjoint survivant a sur la succession du prédécédé un droit d'usufruit : d'un quart si le défunt laisse un ou plusieurs enfants issus du mariage; d'une part d'enfant, sans pouvoir excéder le quart, si le défunt a des enfants nés d'un précédent mariage; de moitié dans tous les autres cas, quels que soient le nombre et la qualité des héritiers. — Lorsque le défunt ne laisse ni parents au degré successible, ni enfants naturels, alors les biens de la succession appartiennent en pleine propriété au conjoint survivant. Sur ce dernier point, il n'y a rien de changé.

Aussi longtemps donc qu'il y a quelque apparenté successible, ce parent fût-il au douzième degré, le droit du conjoint ne consiste qu'en un simple usufruit, qui ne peut jamais dépasser la moitié de la succession. On voit que la législation française est restée fidèle à la théorie des droits successoraux des parents par le sang. N'étant pas « de la famille », le conjoint est toujours exclu par les apparentés.

La loi de 1891 n'organise pas de « réserve » en faveur du survivant, qui peut par conséquent être totalement privé de son droit d'usufruit par des donations ou des legs qu'aurait faits le prédécédé. — Si donc l'époux survivant n'a pas de fortune personnelle, rien n'empêche qu'il se trouve réduit à la misère en présence de collatéraux enrichis par la mort de son conjoint.

En prévision de cette éventualité, la loi de 1891 lui accorde toutefois le droit de demander des « aliments » à la succession ; ce qui, en définitive, constitue bien une espèce de réserve en sa faveur. (Code civil, article 205 nouveau.)

Telle est, en résumé et à grands traits, la condition légale de l'époux, veuf ou veuve, au point de vue successoral, d'après le droit français actuel. Il semble, soit dit en passant, qu'une fois décidé à réformer, on aurait pu s'élever à la hauteur des autres législations, dont la plupart avantagent le conjoint tout autrement que ne le fait la loi française, notamment en cas de concours avec des collatéraux ordinaires. Mais enfin, mieux vaut certainement le régime actuellement en vigueur que celui du Code.

Autriche. — Le Code civil autrichien de 1811 (art. 757 à 759, et 796) accorde au conjoint survivant un usufruit plus ou moins considérable lorsqu'il vient en concours avec des descendants : un quart, s'il y a moins de trois enfants; une part égale à celle de chaque enfant, s'il y en a trois ou davantage.

A défaut de descendants, mais en présence d'autres successibles, le conjoint a droit au quart de la succession en pleine propriété, sans que la loi distingue si les parents en question sont à un degré plus ou moins rapproché. — A défaut de parents au degré successible et d'enfants naturels, dans la mesure où ceux-ci ont un droit à prétendre, le conjoint recueille toute la succession.

Pas plus en Autriche que d'après la loi française, il n'y a de réserve proprement dite pour le conjoint; mais, comme en France, un entretien suffisant lui est dû par la succession lorsqu'il n'a pas été pourvu à son sort par dispositions testamentaires ou autrement.

Italie. — D'après le Code civil italien de 1865 (art. 753 à 757 et 812 à 814), le conjoint reçoit une part en usufruit s'il vient en concours avec des descendants, usufruit d'une portion héréditaire égale à celle de chaque enfant, l'époux lui-même étant compté au nombre des enfants; cette portion ne peut dépasser le quart de la succesion. — Si donc, par exemple, il y a cinq enfants, le conjoint aura droit au sixième de la succession en usufruit, indépendamment de son droit de jouissance légale sur les biens de ses enfants jusqu'à leur majorité (art. 228).

Dans cette première hypothèse, la part du conjoint peut paraître insuffisante, surtout si l'on tient compte du fait que le régime légal en Italie est celui de la séparation de biens. Mais, sauf le cas de concours avec des descendants, le Code italien se montre vraiment large à l'égard du conjoint survivant, ainsi que nous allons le voir.

S'il n'y a pas d'enfants légitimes, mais qu'il y ait des ascendants, ou des enfants naturels, ou des frères ou des sœurs, ou des descendants de ceux-ci, le tiers de la succession est dévolu au conjoint en pleine propriété. Si cependant l'époux survivant concourt à la fois avec des enfants naturels et avec des ascendants, il n'a droit qu'au quart de l'hérédité.

Lorsque le défunt ne laisse que des parents successibles plus éloignés, la part du survivant s'élève aux deux tiers de la succession. Et celle-ci lui est dévolue en entier dans le cas où le défunt ne laisse aucun parent jusqu'au sixième degré.

A titre de réserve ou de légitime, le conjoint a droit à une quotité en usufruit proportionnée au degré de parenté des successibles avec lesquels il se trouve en concours.

Allemagne. — En attendant la promulgation du Code civil actuellement à l'état de projet, les règles relatives au droit de succession du conjoint varient d'une contrée à l'autre, comme les autres parties de la législation civile. — Nous pouvons nous en tenir à l'examen du Projet, qui, sur ce point, se rattache de très près au Landrecht prussien et plus encore au Code civil de Saxe de 1863.

Le projet de Code civil pour l'empire d'Allemagne (qui a paru en 1888) fait au conjoint survivant une position excellente au point de vue successoral, et le système est des plus simples. Outre certains droits de prélèvement qui sont accordés au conjoint lorsqu'il n'y a pas de descendants, et qui portent sur les meubles à l'usage ordinaire du ménage ainsi que sur les cadeaux reçus à l'occasion du mariage, voici quelles sont les dispositions de l'article 1971 :

En concours avec des descendants, le conjoint a droit au quart de la succession en pleine propriété; en concours avec père, mère, frères, sœurs, neveux et nièces, ou grands-parents du défunt, la part du conjoint monte à la moitié de la succession; à défaut de parents de l'une ou de l'autre des catégories susmentionnées, il reçoit toute la succession.

Il convient de remarquer cette exclusion de tous les collatéraux ordinaires au profit du conjoint, conformément à ce qui existe actuellement en Saxe (comme en Espagne). — D'accord avec le Code civil italien, le Landrecht prussien n'exclut que les apparentés au delà du sixième degré.

Le Projet accorde au conjoint survivant une réserve dont la quotité est fixée à la moitié de la part dans la succession *ab intestat*.

Suisse. — La plus grande variété règne dans la Confédération suisse en ce qui concerne les droits successoraux du conjoint, comme dans tout le droit de succession. C'est un des domaines juridiques où il y a le plus de divergences d'un canton à l'autre, divergences qui sont parfois plus considérables que celles qui existent entre le droit russe et le droit espagnol, le droit anglais et le droit italien! En ces matières, la Suisse est un pays à contrastes étonnants.

D'une manière générale, et sauf un petit nombre d'exceptions, le conjoint occupe une position légale relativement élevée au point de vue successoral. — Impossible d'entrer ici dans le détail des législations. Quelques indications préliminaires seulement, après quoi nous examinerons de plus près ce qui en est à Berne, à Zurich et à Genève.

Les contrées de la Suisse dont la législation se

montre le moins favorable au conjoint survivant sont : le Jura bernois, où l'ancien système du Code civil français est resté en vigueur, et le demi-canton d'Obwald, dans lequel le conjoint paraît n'avoir aucun droit de succession *ab intestat*. — Parmi les cantons dont la législation se montre le plus favorable, on peut citer Genève depuis 1874, Saint-Gall, Argovie, Zurich et surtout Berne.

D'après le Code civil du canton de *Berne* (art. 516, 517), la première classe de successeurs comprend le conjoint et les descendants, successeurs désignés sous le nom de « Notherben », héritiers nécessaires.

S'il y a des descendants, il y a lieu de distinguer plusieurs hypothèses dans le détail desquelles il est inutile d'entrer ici. — Remarquons seulement que la mère survivante ne pouvant pas disposer librement de la part qui lui revient, son droit n'est guère autre chose qu'un droit de jouissance.

Quoi qu'il en soit, le droit bernois confère au conjoint un rang tout à fait exceptionnel : à défaut de descendants, l'époux survivant hérite en effet de tous les biens du prédécédé, excluant ainsi tous les autres apparentés.

Exemple caractéristique et vraiment curieux de l'extrême diversité que présentent les législations cantonales de la Suisse : il suffit de franchir le col du Brunig qui sépare le petit pays d'Obwald du territoire de Berne, ou de passer du Jura bernois sur le sol de l'ancien canton, pour quitter des contrées où le conjoint survivant se trouve pour ainsi dire sans droit de succession et pour arriver dans une région où ses droits successoraux sont plus élevés que partout ailleurs en Europe !

Des surprises de ce genre se multiplient sous les pas de quiconque se met en route pour explorer le droit civil comparé des cantons suisses. On pourrait citer bien d'autres exemples tirés du droit de succession. C'est ainsi que dans une partie du canton de Schwyz, la liberté de tester est chose inconnue, pour peu qu'il y ait des apparentés à n'importe quel degré; tandis que dans certains districts du même État, suivant les termes pittoresques dont se servent d'anciens statuts remontant au XVIe siècle : « Si quelqu'un veut attacher toute sa fortune à la queue d'un chien il peut le faire, s'il obtient la ratification du tribunal. »

Mais revenons à notre sujet.

Dans le canton de *Zurich*, il y a peu d'années encore, les droits de succession du mari étaient supérieurs à ceux de la veuve survivante. Mais cette inégalité de traitement a disparu depuis le nouveau Code civil de 1887. (Art. 899 à 905, et 974.)

Indépendamment de certains objets déterminés sur lesquels le conjoint a un droit de prélèvement (cadeaux de noces, objets de ménage), les droits de succession du survivant sont réglés ainsi qu'il suit :

1° S'il y a des descendants, le conjoint a le choix entre la moitié de la succession en usufruit ou un huitième en pleine propriété;

2° Lorsque, à défaut de descendants, les héritiers appartiennent à la « parentèle parentale » (père et mère, frères et sœurs ou descendants d'eux), le conjoint peut choisir entre l'usufruit de toute la succession ou un quart en pleine propriété ;

3° Si les héritiers appartiennent à la parentèle des grands-parents (grands-pères et grand'mères, oncles et tantes, cousins germains ou descendants d'eux), le conjoint a droit à la moitié de la succession en pleine propriété et à l'usufruit de l'autre moitié ;

4° Si les héritiers qui viennent en concours avec le conjoint sont des arrière-grands-parents, la part du conjoint est des trois quarts de la succession en pleine propriété et de l'usufruit de l'autre quart ;

5° A défaut de parents de l'une ou de l'autre des catégories susmentionnées, l'hérédité échoit tout entière à l'époux survivant.

En cas de remariage, l'usufruit du conjoint est réduit de moitié; réduction qui s'appliquait, avant 1887, seulement à la veuve, mais qui concerne actuellement le mari aussi bien que la femme.

Quant à la « réserve » du survivant, elle se monte aux trois quarts des droits ci-dessus relatés.

Le système du code zurichois est ingénieux ; mais il est certainement trop compliqué, sans parler de certaines dispositions critiquables en ce qui concerne les ascendants, en définitive réduits à ne jamais rien recevoir, si le conjoint opte pour l'usufruit.

A *Genève*, le système français fut en vigueur jusqu'en 1874 ; c'est-à-dire que le conjoint ne venait à la succession qu'à défaut d'enfants naturels et de tout parent jusqu'au douzième degré, conformément à l'ancien article 767 du Code civil.

La loi du 5 septembre 1874 a complètement modifié cet état de choses : en réduisant la successibilité au huitième degré et en donnant au conjoint des droits analogues à ceux qu'il a d'après le Code civil du canton de Vaud, que l'on paraît avoir suivi en le corrigeant sur quelques points.

L'époux survivant a droit à l'usufruit de la moitié des biens du prédécédé, lorsque celui-ci laisse des descendants légitimes. Ce droit de jouissance prend fin en cas de remariage.

Lorsque l'époux de la succession duquel il s'agit est mort sans descendants légitimes, mais qu'il laisse des enfants naturels, ou bien père, mère, frères, sœurs, ou descendants de ces derniers, le survivant hérite du quart en pleine propriété.

A défaut de successeurs de l'une ou de l'autre des catégories susmentionnées, le conjoint a droit à la moitié de la succession.

Enfin, si l'époux prédécédé ne laisse aucun parent au degré successible, soit jusqu'au huitième degré, le survivant succède à la totalité des biens.

Le conjoint n'a pas de réserve, lacune d'autant plus regrettable que l'article 205 du Code civil n'ayant pas été modifié à Genève, le survivant peut être réduit à la misère sans avoir le droit de réclamer des aliments à la succession.

Pour terminer cette première partie de notre tâche, il nous reste quelques mots à dire de l'Espagne, de l'Angleterre et de la Russie. Quant au Portugal, à la Hongrie, aux pays Scandinaves et aux États des Balkans, des renseignements suffisants me font défaut.

Espagne. — Le Code civil espagnol de 1889 contient les dispositions suivantes (art. 807, 834 et suivants, 953) :

En concours avec des descendants, le conjoint a droit à une part en usufruit, variable suivant le nombre des enfants. S'il n'y a pas de descendants, mais qu'il y ait des ascendants, le conjoint a droit à l'usufruit du tiers. A défaut de descendants et d'ascendants, il a droit à l'usufruit de la moitié. A défaut, en outre, d'enfants naturels ainsi que de frères et sœurs ou descendants d'eux, il a droit à toute la succession en pleine propriété.

Angleterre. — Il y a lieu de distinguer, en matière de succession, entre les meubles et les immeubles. La veuve reçoit un tiers des biens meubles s'il y a des descendants, et une moitié s'il n'y en a pas. Quant au mari, il prend le tout. Il y a des règles spéciales relativement aux immeubles, sur lesquels, sauf erreur, le survivant a un droit d'usufruit plus ou moins considérable, du moins dans certains cas.

La liberté de tester étant sans limites, il ne saurait être question d'une réserve pour le conjoint, pas plus que pour d'autres héritiers.

Russie. — D'après M. Lehr, le conjoint survivant aurait droit à un septième des immeubles et à un quart des meubles, qu'il y ait ou non des descendants. — En *Pologne*, les droits du conjoint sont assez analogues à ceux qu'il a d'après le Code civil d'Autriche; mais, en cas de concours avec des collatéraux au delà du quatrième degré, la loi polonaise l'avantage plus que ne le fait le droit autrichien.

EXAMEN COMPARATIF DES SYSTÈMES

Après avoir rassemblé nos matériaux, sous la forme d'un exposé sommaire des principales législations actuellement en vigueur, nous pouvons aborder maintenant l'examen proprement comparatif des divers systèmes en présence, les questions ou les points sur lesquels doit porter la comparaison me paraissant être essentiellement les suivants :

1° Avec quels apparentés du défunt le conjoint vient-il en *concours?* 2° Quelle est la *nature* de son droit : usufruit ou propriété? 3° Sa part est-elle d'une *quotité* fixe ou variable? 4° Le *montant* de sa part est-il relativement faible ou élevé? 5° Le *remariage* du conjoint est-il de nature à exercer quelque influence sur son droit de succession? 6° Une *réserve* lui est-elle assurée par la loi ou non?

Il y aurait encore d'autres questions à examiner : La séparation de corps fait-elle cesser le droit de succession? Quelle espèce de successeur est le conjoint? etc. Mais les quelques points ci-dessus mentionnés sont les plus importants.

I. — Relativement à la question du **concours** du conjoint avec les divers apparentés de l'époux prédécédé, nous trouvons trois systèmes ou groupes de législations en présence :

A. D'après la loi d'un petit nombre de pays, le conjoint n'est appelé à la succession du défunt qu'à défaut de tous apparentés au degré successible. Il est donc exclu par les parents du prédécédé, quelque éloignée que soit leur parenté, pourvu qu'ils soient encore au degré successible, la successibilité variant d'ailleurs d'une législation à l'autre, comme nous l'avons vu précédemment.

Il en était ainsi d'après le *Code civil français*, actuellement modifié sur ce point. De là, ce système a passé en *Belgique*, où il est encore en vigueur, ainsi que dans le *Jura bernois*. Le même point de vue est également représenté par le Code civil des *Pays-Bas* (art. 879) ; mais dans ce pays, le régime légal quant aux biens étant celui de la communauté universelle, il en résulte que le conjoint reçoit en général sa part des biens du défunt par une autre voie que par le droit de succession.

L'idée dominante de ce premier système, qui tend de plus en plus à disparaître, c'est que les biens d'une personne décédée sans avoir fait de testament doivent revenir aux membres de « sa famille », et que par le fait du conjoint la succession dont il s'agit pourrait partiellement passer entre les mains d'une autre famille. Mais il est facile d'obvier à ce danger ou à cet inconvénient, si inconvénient il y a, en n'accordant au survivant qu'un droit d'usufruit, (qui peut prendre fin en cas de remariage).

B. Un certain nombre de législations appellent le conjoint à concourir avec les différentes catégories de parents successibles, sans qu'il soit exclu par aucune de ces catégories et sans exclure lui-même personne. Le conjoint n'a donc droit à toute la succession du prédécédé qu'à défaut de tous parents au degré successible; mais il vient en concours avec eux tous, sans exception, que ce soient des descendants, des ascendants, des collatéraux privilégiés ou des collatéraux ordinaires plus ou moins éloignés.

Appartiennent à ce groupe : la *France*, depuis la loi de 1891, et l'*Autriche;* l'*Angleterre* également, tout au moins en ce qui concerne la veuve et les biens mobiliers; la *Russie*, la *Pologne*, *Genève* depuis la loi de 1874, et *Zurich*.

Mais les conséquences du système sont fort différentes suivant le degré de successibilité. C'est ainsi qu'en France, un parent du douzième degré peut venir en concours avec le conjoint; tandis qu'à Genève, par exemple, un parent au delà du huitième degré n'est plus un successible; le droit espagnol, le Code zurichois et la loi baloise vont moins loin encore.

Le principe commun aux diverses législations de ce groupe, c'est le concours du conjoint avec tous les apparentés successibles.

C. D'après d'autres législations enfin, le conjoint exclut tous les apparentés qui ne sont plus des « proches », alors même qu'ils sont encore au degré successible.

C'est ainsi qu'en *Prusse* et en *Italie*, les apparentés au delà du sixième degré sont exclus de la succession par le conjoint. En *Espagne*, en *Saxe* et d'après le *Projet allemand*, cette exclusion s'étend à tous les collatéraux ordinaires. A *Berne*, le conjoint exclut tous les apparentés de l'époux prédécédé, à l'exception des seuls descendants.

II. — En ce qui concerne la **nature du droit** afférent au conjoint, il y a lieu de distinguer les trois systèmes ou groupes que voici :

A. La part du conjoint ne consiste jamais qu'en un droit d'usufruit, quels que soient les apparentés avec lesquels il se trouve en concours.

Il en est notamment ainsi en *France* et en *Espagne*. Mais il ne faut pas oublier qu'en Espagne le concours ne s'établit qu'entre le conjoint, d'une part, et les descendants, ascendants ou collatéraux privilégiés, d'autre part (tous les collatéraux ordinaires étant exclus par le conjoint); en sorte que le droit du survivant ne se trouve pas entravé par une multitude d'apparentés éloignés, comme en France.

B. D'après la législation de plusieurs pays, à l'inverse de ce qui a lieu dans le groupe précédent, la part du conjoint est toujours en propriété, quels que soient les successeurs avec lesquels il concourt.

Il en est notamment ainsi en *Prusse*, en *Saxe* et d'après le *Projet allemand*. Sauf erreur, il en est de même en *Russie*, ainsi qu'en *Angleterre* relativement aux meubles.

C. Ailleurs enfin, la part du conjoint est tantôt en usufruit, tantôt en propriété, suivant l'espèce ou la qualité des successeurs avec lesquels le conjoint vient en concours.

C'est ainsi qu'en *Autriche*, en *Italie* et à *Genève*, la part du conjoint est en usufruit lorsqu'il est en présence de descendants, tandis qu'elle est en propriété s'il concourt avec d'autres successeurs.

III. — Quant à la **quotité** de la part du conjoint, nous pouvons distinguer les deux systèmes ou groupes de législations que voici :

A. Dans plusieurs pays, la part du conjoint est toujours d'une quotité fixe et déterminée par la loi pour chaque cas donné : une moitié, un tiers, un quart, suivant la qualité des successeurs avec lesquels le conjoint vient en concours, mais sans que leur nombre apporte aucun changement à cette quotité. Que le conjoint soit, par exemple, en concours avec deux, trois ou quatre enfants, cela ne change rien à la part qui lui revient.

Il en est ainsi en *Prusse*, en *Saxe* et d'après le *Projet allemand*. De même à *Zurich* et à *Genève;* en *Angleterre* également, sauf erreur.

B. Il est d'autres législations, au contraire, d'après lesquelles la quotité de la part afférente au conjoint varie suivant le nombre des apparentés de la catégorie avec laquelle le conjoint vient en concours, du moins dans certains cas.

C'est ainsi qu'en *France*, en vertu de la loi de 1891, lorsque le conjoint vient en concours avec des enfants issus d'un précédent mariage, il a droit à une part d'enfant; la quotité qui lui revient est donc variable suivant le nombre des enfants en question. Sauf ce cas, la loi française donne d'ailleurs au conjoint une quotité fixe et déterminée : un quart ou une moitié en usufruit.

En *Autriche* et en *Italie*, la part du conjoint est d'une quotité variable toutes les fois qu'il se trouve en concours avec des descendants, sa part étant alors égale à celle de chaque enfant. De même en *Pologne*. Une disposition analogue se rencontre également en *Espagne*. — Dans tous les autres cas, la part du conjoint est d'une quotité fixe, plus ou moins forte suivant la qualité des successeurs qui viennent en concours avec lui, mais toujours d'une fraction déterminée de la succession.

IV. — Nous arrivons à la question du **montant** plus ou moins élevé de la part afférente au conjoint, part qui varie dans de très fortes proportions d'un pays à l'autre, certaines législations se montrant plus favorables au conjoint, les autres moins.

Mais il convient de distinguer ici, suivant que le conjoint vient en concours avec des descendants, avec des ascendants ou des collatéraux privilégiés, avec des collatéraux ordinaires, ou qu'il n'y a point de parents au degré successible.

En effet, une seule et même législation ne se montre pas toujours également favorable ou défavorable dans tous les cas. — Dans tel pays, par exemple, le conjoint reçoit relativement peu quand il y a des descendants, alors qu'il reçoit au contraire une forte part de la succession, si ce n'est tout, en présence de collatéraux (*Italie*). Ailleurs, quand il y a des descendants, la loi donne au conjoint une part relativement forte, comparativement à ce qu'il reçoit en présence d'autres apparentés moins rapprochés (*Genève*). Ailleurs encore, le montant de la part afférente au conjoint est élevé dans tous les cas (*Allemagne*); ou bien il est, au contraire, en général relativement faible (*Autriche*, *France*, *Russie*).

1° En cas de concours du conjoint avec des descendants, se montrent le plus favorables à son égard : la *Prusse*, la *Saxe* et le *Projet allemand*, législations auxquelles on peut ajouter *Zurich* et *Genève*. Les pays dont la législation est, au contraire, relativement peu favorable dans ce cas sont notamment l'*Autriche*, l'*Italie* et la *France*.

2° En cas de concours avec des ascendants ou avec des collatéraux privilégiés, sont particulièrement favorables au conjoint : *Berne*, le *Projet allemand*, la *Prusse*, la *Saxe* et *Zurich;* sans que la situation faite au survivant par la législation de ces divers pays soit d'ailleurs la même. Sont relativement peu favorables, au contraire, l'*Autriche*, *Genève* et la *France*. Quant à l'*Italie*, elle occupe dans ce cas une position en quelque sorte intermédiaire.

3° En cas de concours avec les collatéraux ordinaires, les divergences deviennent beaucoup plus accentuées, et l'on peut distinguer trois groupes de législations à systèmes assez nettement séparés :

A. Certaines législations donnent alors toute la succession au conjoint : *Berne*, *Saxe*, *Projet allemand*, *Espagne* ; — *B*. Quelques législations, sans aller aussi loin, se montrent encore très favorables au conjoint : *Prusse*, *Italie*, *Zurich* ; — *C*. D'autres législations, enfin, se montrent peu favorables au conjoint, même dans ce cas-là. — On peut citer notamment : l'*Autriche*, l'*Angleterre*, la *Russie*, *Genève* et la *France*.

4° A défaut de tous parents au degré successible, les biens du défunt sont très généralement dévolus en totalité au conjoint. Il y a cc, endant quelques rares exceptions. C'est ainsi que dans le canton des *Grisons*, le conjoint ne reçoit, même alors, que l'usufruit des deux tiers de la succession, le reste étant acquis à l'État ou à la commune. (Code civil des Grisons, articles 499, 500.)

Tels sont les divers cas qu'il fallait distinguer.

Pour illustrer cette matière un peu compliquée du montant plus ou moins élevé de la part du conjoint, prenons à titre d'exemples un certain nombre d'hypothèses concrètes. — Nous supposerons, dans chacune d'entre elles, que l'époux de la succession duquel il s'agit est décédé sans avoir laissé de testament, et sans qu'aucune disposition spéciale résultant d'un contrat de mariage soit venue déroger aux règles générales du droit de succession *ab intestat* du conjoint survivant.

1re *hypothèse*. — X. meurt laissant son conjoint (veuf ou veuve) et un enfant majeur. Comment se répartira ladite succession ?

D'après le Code civil français, le conjoint n'avait aucun droit de succession et l'enfant avait tout. La nouvelle loi française de 1891 donne au conjoint l'usufruit d'un quart de la succession. Il en est de même, dans ce cas, en Autriche et en Italie.

A Genève, cet usufruit se monte à la moitié de la succession.

D'après le droit prussien, le Code saxon et le Projet allemand, le conjoint reçoit un quart de la succession en pleine propriété, l'enfant ayant droit aux trois autres quarts.

Le Code zurichois donne au conjoint le choix entre l'usufruit de la moitié de la succession et un huitième en pleine propriété.

2e *hypothèse*. — X. meurt sans laisser de postérité, mais laissant son conjoint et ses père et mère. (Il n'y a d'ailleurs pas de collatéraux privilégiés : ni frères, ni sœurs, ni descendants de ceux-ci.)

Le Code civil français ne donnait rien au conjoint. D'après la loi de 1891, il a droit à l'usufruit de la moitié de la succession.

En Autriche et à Genève, le conjoint a droit au quart des biens en pleine propriété.

En Prusse, en Saxe et en Italie, ce droit se monte au tiers de la succession; d'après le Projet allemand, à la moitié. — Le Code zurichois lui donne le choix entre l'usufruit de toute la succession ou le quart en propriété. Quant au Code bernois, il donne le tout au conjoint.

3e *hypothèse*. — X. meurt sans laisser ni descendants ni ascendants; mais il laisse, outre son conjoint, un frère ou des neveux.

Les solutions données par les différentes législations restent les mêmes que dans l'hypothèse précédente; sauf que, d'après le Code saxon, le conjoint reçoit alors une moitié en propriété, tandis qu'il ne reçoit qu'un tiers lorsqu'il vient en concours avec le père ou la mère.

4e hypothèse. — X. meurt sans laisser ni descendants, ni ascendants, ni frères ou sœurs, ni descendants d'eux. Il laisse son conjoint, et, comme plus proche parent, un cousin germain.

D'après le Code civil français, le conjoint n'avait rien, et le cousin recevait tout. La loi française de 1891 donne au conjoint l'usufruit de la moitié, le cousin recevant le reste.

En Autriche, le conjoint reçoit un quart en propriété, et le cousin les trois autres quarts.

En Prusse et à Genève, la succession se partage en deux moitiés, dont l'une pour le conjoint et l'autre pour le cousin.

En Italie, le conjoint a droit aux deux tiers des biens en propriété, le cousin recevant l'autre tiers.

A Zurich, le conjoint reçoit la moitié de la succession en propriété et l'usufruit du reste.

En Saxe, d'après le Projet allemand et en Espagne, comme à Berne, la succession tout entière est dévolue au conjoint.

5e hypothèse. — X. meurt, laissant son conjoint et, comme plus proche parent, le fils ou la fille d'un cousin issu de germain, soit un apparenté du septième degré.

D'après le Code civil français, le conjoint n'avait toujours rien, et la succession passait en entier au parent du septième degré. La loi de 1891 donne au conjoint l'usufruit de la moitié.

En Autriche, un quart de la succession est attribué au conjoint, et les trois autres quarts audit parent.

A Genève, le conjoint a droit à la moitié des biens

en propriété, et le parent au septième degré reçoit l'autre moitié.

En Italie et en Prusse, comme en Saxe, en Espagne, d'après le Projet allemand et à Berne, toute la succession appartient au conjoint.

V. — Le **remariage** du conjoint est-il de nature à exercer quelque influence sur son droit de succession, et dans quelle mesure ?

Évidemment, il ne peut résulter de ce fait un changement dans la position successorale du conjoint que s'il s'agit d'un usufruit ; ce qui est acquis en propriété reste acquis, sans qu'il puisse y être porté atteinte après coup. — A cet égard, on peut distinguer les systèmes que voici :

A. En cas de nouveau mariage du conjoint survivant, son droit d'usufruit cesse, lorsqu'il y a des descendants du défunt, mais seulement dans ce cas. Il en est ainsi d'après la *loi française* de 1891, comme à *Genève* depuis 1874.

B. Le Code *zurichois* (art. 901) déclare l'usufruit du conjoint survivant réductible de moitié en cas de remariage ; disposition qui, avant 1887, ne concernait que la veuve, mais qui dès lors a été étendue également au mari.

C. Ailleurs, nous ne trouvons pas de dispositions sur ce point, d'où l'on doit apparemment conclure que le remariage du survivant ne change rien à son droit de succession. Toutefois, d'après le Code *autrichien*, le conjoint remarié perd le droit de demander des aliments à la succession. Il en serait probablement de même en *France*.

VI. Reste le dernier point que nous ayons à examiner : la question de la **réserve.** Le conjoint est-il un héritier réservataire?

A. Le plus grand nombre des législations donnent au conjoint une réserve plus ou moins forte, en usufruit ou en propriété. Il en est notamment ainsi en *Italie*, en *Espagne*, à *Zurich* et d'après le *Projet allemand;* ailleurs encore, sauf erreur.

B. A ma connaissance, il n'y a que le droit anglais, le Code autrichien, la loi française et celle de Genève qui ne lui accordent pas de réserve. Et encore, il y a lieu de distinguer entre ces diverses législations.

En *Angleterre*, où la liberté de tester est pleine et entière, le conjoint ne saurait bénéficier d'un droit de réserve qui n'existe pour aucune espèce de successeurs, quel que soit leur degré de parenté.

En *Autriche* (Code civil, art. 896) et en *France* (Code civil, art. 205, modifié par la loi de 1891), si le conjoint n'a pas une réserve proprement dite, il a cependant le droit de demander des « aliments » à la succession, lorsque son sort matériel n'a pas été assuré de quelque autre façon.

Reste *Genève*, où le conjoint se trouve sans aucune garantie légale à cet égard. Il est permis d'espérer que cette lacune sera comblée, d'une manière ou d'une autre, avant qu'il soit longtemps.

Arrivés au terme de cette étude, si nous nous demandons à quel système il convient de donner la préférence, comme au plus conforme à la situation créée par le mariage, voici quelques indications qui nous serviront de conclusions :

1° De tous les successeurs, le conjoint est celui qui, avec les descendants, a le plus de droits aux biens de l'époux prédécédé. Le montant de sa part doit toujours être élevé. Il est normal d'admettre qu'il vienne en concours avec les « proches » du défunt, mais qu'il exclue complètement les collatéraux ordinaires;

2° Quels que soient les apparentés du défunt avec lesquels il est appelé à concourir, il paraît préférable de lui donner sa part en pleine propriété plutôt qu'en usufruit, vu les inconvénients et les difficultés de différentes espèces qui peuvent résulter d'un usufruit. Le système d'une quotité fixe et déterminée, pour chaque cas donné, paraît également mieux répondre à la situation que celui d'après lequel cette part varie suivant le nombre des apparentés qui viennent en concours avec lui;

3° Une réserve doit lui être assurée, d'une manière ou d'une autre, réserve consistant en une moitié au moins de sa part *ab intestat*, ou dans une pension alimentaire suffisante à lui payer par la succession, la première solution paraissant d'ailleurs préférable à la seconde.

De tous les systèmes passés en revue et comparativement examinés, celui du Projet allemand est en somme le plus simple et le plus équitable. — Toutefois, il serait juste d'aller encore plus loin en faveur du conjoint, en lui donnant au minimum la *moitié* de la succession de l'époux prédécédé. De cette manière, les avantages résultant du système de la « communauté » se trouveraient réalisés par le droit de succession : ce qui est la solution rationnelle.

En concours avec des enfants ou des descendants, le conjoint aurait donc droit à la moitié de la succession *ab intestat* du prédécédé; sa part serait des trois quarts en cas de concours avec père, mère, frères et sœurs ou descendants d'eux; à défaut de parents de cette catégorie, il aurait droit à toute la succession.

Fortifier la « famille », dans le sens restreint et naturel du terme, tel est le but à poursuivre : la solidarité créée par le mariage devant trouver son expression dans le droit de succession et y être profondément empreinte.

VII

LA PUISSANCE PATERNELLE ET LES DROITS DE LA MÈRE

Sous le titre traditionnel mais peu exact de « puissance paternelle », la plupart des législations traitent des droits qui appartiennent aux père et mère sur la personne et sur les biens de leurs enfants mineurs; l'institution dont il s'agit étant spécialement destinée à faciliter aux parents l'accomplissement des obligations qui leur incombent à cet égard : un ensemble de droits en vue de certains devoirs.

Si tel est le point de vue moderne, et l'on peut dire qu'il en est actuellement ainsi dans toutes nos législations occidentales, malgré les divergences qu'elles présentent dans l'application du principe, — il en était tout autrement à Rome, d'où nous vient le terme de puissance paternelle, *patria potestas.*

Alors que l'expression consacrée par le droit romain est généralement restée en usage dans les codes modernes, l'institution elle-même a subi des modifications considérables sous l'influence combinée de divers éléments : les uns fort anciens déjà, tels que le christianisme et le droit germanique ; les autres d'origine beaucoup plus récente.

A Rome, essentiellement organisée dans l'intérêt du chef de famille et s'étendant en principe sur toute la vie de l'enfant, la puissance paternelle n'appartenait qu'au père et jamais à la mère. Comme le terme en question l'exprime avec une netteté parfaite et une précision toute romaine, c'était un droit de puissance, un pouvoir presque absolu et dont le père seul pouvait être investi.

De nos jours, au contraire, c'est bien plutôt une espèce de tutelle, un pouvoir limité, légalement organisé dans l'intérêt de l'enfant, et qui cesse en général à la majorité de celui-ci ou par le fait de son mariage : ce pouvoir ou cette autorité pouvant, d'après la plupart des législations, appartenir à la mère aussi bien qu'au père, avec certaines différences entre les droits de l'un et ceux de l'autre.

C'est ainsi que, d'après l'article 220 du Code civil italien, plus explicite à cet égard que le Code français, et pour ne pas quitter la terre même du droit romain : « L'enfant doit, à tout âge, honneur et respect à ses père et mère. Il reste sous leur autorité jusqu'à sa majorité ou son émancipation. Durant le mariage, cette autorité est exercée par le père et en cas d'impossibilité par la mère. Après la dissolution du mariage, l'autorité paternelle est exercée par le conjoint survivant. »

Les autres législations modernes s'expriment pour la plupart en termes assez analogues. Quelques-unes d'entre elles toutefois font à la mère une position beaucoup plus effacée.

L'enfant se trouve donc placé sous puissance paternelle. Celle-ci appartient aux deux parents : au père, tout d'abord, et ensuite à la mère; celui qui en est investi ayant le droit et le devoir de prendre soin de la personne de l'enfant et d'administrer ses biens, avec des pouvoirs plus ou moins étendus suivant les législations.

Mais cette autorité, différentes circonstances peuvent en amener la fin.

Parmi les causes d'extinction de la puissance paternelle, figure en première ligne la mort des père et mère, à moins que les droits des parents ne soient alors considérés comme transférés de plein droit aux grands-parents, ainsi que cela paraît admis par la loi de certains pays. La puissance paternelle s'éteint encore à la majorité de l'enfant. Elle peut cesser aussi, avant cette époque, par le mariage de l'enfant ou par son émancipation. Elle peut encore prendre fin en suite de déchéance judiciairement prononcée.

Nous ne nous arrêterons pas sur les quatre premières causes d'extinction : mort, majorité, mariage, émancipation. Sans doute, il y aurait d'importantes divergences à signaler à ce propos entre les diverses législations contemporaines, notamment en ce qui concerne l'âge de la majorité et l'émancipation; mais il nous suffit d'avoir constaté le fait même de l'existence de ces causes d'extinction de la puissance paternelle.

Quant à la déchéance, nous devons examiner d'un peu plus près ce qui en est.

Jusqu'à ces dernières années, le droit français ne contenait aucune garantie contre les abus de la puissance paternelle. Le père pouvait se livrer à l'inconduite et maltraiter ses enfants : il n'en restait pas moins investi de l'autorité suprême. Sauf dans un cas tout à fait exceptionnel, prévu par l'article 335 du Code pénal, la puissance paternelle était considérée comme une institution sacro-sainte sur laquelle il n'était pas permis de porter la main, et contre les manifestations ou les conséquences possibles de laquelle il n'y avait pas de remède.

Les enfants étaient donc à la merci du père, sans que la mère ni personne pût intervenir, l'autorité judiciaire ou administrative se trouvant désarmée en présence de l'omnipotence paternelle.

A l'inverse du Code français, la plupart des autres législations modernes s'étaient montrées soucieuses d'édicter tout au moins quelques prescriptions, d'une espèce ou d'une autre, afin de limiter l'autorité du père et de garantir les enfants.

C'est ainsi que le Code civil autrichien contient plusieurs dispositions à ce sujet. D'après l'article 177, « le père qui néglige totalement les soins et l'éducation qu'il doit à ses enfants, perd la puissance paternelle pour toujours ». Dans d'autres circonstances, son autorité peut être suspendue pendant un certain temps (art. 176). En cas d'abus, les tribunaux sont appelés à intervenir et à prendre les mesures nécessaires (art. 178).

Le Code civil italien n'est pas moins positif à cet égard : « Si le père (ou la mère) abuse de la puissance paternelle par la violation ou la négligence de ses devoirs, ou par une mauvaise administration des biens de l'enfant, le tribunal, sur la demande de quelque parent ou du ministère public, peut nommer un tuteur à la personne de l'enfant ou un curateur à ses biens, priver le père (ou la mère) de l'usufruit en totalité ou en partie, et prendre toute autre mesure qu'il jugera convenable dans l'intérêt de l'enfant (art. 284)

Et ailleurs : « Lorsque de justes motifs rendent nécessaire l'éloignement de l'enfant de la maison paternelle (si, par exemple, le père mène une vie désordonnée), le président sur la demande des parents ou du ministère public, après informations prises sans formalités judiciaires, y pourvoit de la manière la plus convenable, sans motiver son ordonnance. S'il y a péril en la demeure, le préteur (juge de paix) statue provisoirement, en en référant immédiatement au président, qui confirme, révoque ou modifie cette décision provisoire » (art. 221).

Des dispositions semblables ou analogues figurent également dans le Code civil de Zurich (art. 663, 683 à 685) ; dans le Code espagnol (art. 171) ; dans le projet de Code civil pour l'empire d'Allemagne (art. 1546, 1554, 1559).

La législation française avait ainsi l'honneur peu enviable d'être restée fidèle au principe romain de l'autorité quasi absolue du père, alors que presque partout ailleurs l'idée moderne de l'intervention de l'Etat avait fait son chemin et s'était affirmée par des dispositions légales au profit des enfants. — Un exemple, entre beaucoup d'autres, de l'état manifestement inférieur du droit matrimonial dans le Code Napoléon.

Mais la loi du 24 juillet 1889 « sur la protection des enfants maltraités ou moralement abandonnés » est enfin venue combler la déplorable lacune du Code civil en cette matière. D'une portée considérable, au point de vue de ses conséquences pratiques aussi bien qu'au point de vue de la théorie générale du droit de famille, la loi dont il s'agit est venue modifier profondément la notion de la puissance paternelle en droit français.

Cette loi prévoit une série de cas où les père et mère sont déchus de plein droit de leur autorité, lorsqu'ils se sont rendus coupables de certains délits; et d'autres cas où ils peuvent en être déclarés déchus par jugement spécial.

Une disposition particulièrement digne d'être signalée est celle en vertu de laquelle peuvent être déchus de la puissance paternelle et de tous les droits qui s'y rattachent, en dehors même de toute condamnation pénale, « les père et mère qui, par leur ivrognerie habituelle, leur inconduite notoire et scandaleuse, ou par de mauvais traitements, compromettent soit la santé, soit la sécurité, soit la moralité de leurs enfants » (art. 2, n° 6).

Une autre disposition non moins intéressante à relever est celle de l'article 9, d'après lequel, en cas de déchéance encourue par le père, la mère peut être appelée à exercer les droits de la puissance paternelle, en lieu et place de son mari.

La loi française du 24 juillet 1889, qui témoigne d'un abandon de plus en plus complet du point de vue romain, est certainement appelée à jouer un rôle important dans le développement subséquent du droit matrimonial en France et ailleurs.

Elle a déjà servi de guide ou de modèle dans quelques pays : notamment à Genève, pour les lois du 20 mai 1891 concernant la puissance paternelle, et du 30 mars 1892 sur l'enfance abandonnée. En Belgique, il existe un projet de loi du 10 août 1889 sur la protection de l'enfance, projet fort analogue à la loi française; le Code civil belge, actuellement en élaboration, s'est inspiré des mêmes principes à ce sujet.

En présence de la transformation qu'a subie la puissance paternelle et du changement qui s'est effectué dans la manière de concevoir cette institution, n'est-il pas étrange que le terme romain se soit maintenu jusqu'à nos jours dans la plupart des Codes?

Il se retrouve, en effet, non seulement en France, en Espagne et en Italie; mais encore en Autriche, en Prusse, en Saxe, dans les Pays-Bas et dans plusieurs cantons de la Suisse. (*Väterliche Gewalt.*)

Parfaitement exact à Rome, où il s'agissait effectivement d'un droit de puissance, apanage exclusif du père, ce terme n'a plus sa raison d'être en droit moderne. Comment parler de « puissance » paternelle, lorsque l'institution est essentiellement organisée en vue des intérêts de l'enfant, et que le père peut être déclaré déchu de ce pouvoir? Et, d'autre part, comment parler de puissance « paternelle », alors que la mère y participe elle aussi, dans une mesure plus ou moins large, et qu'elle peut même être appelée à exercer cette autorité en lieu et place du père?

Une pareille incohérence étonnerait fort les Romains : pour eux, les mots avaient un sens! et la précision passait à leurs yeux pour une des qualités essentielles du langage en matière juridique.

Comprenant ce que l'emploi du terme « puissance paternelle » présente à la fois d'incorrect et d'anormal dans l'état actuel des choses, un certain nombre de législations récentes ont abandonné cette expression : les unes, pour parler de « tutelle paternelle » (ainsi fait par exemple le Code civil de Zurich); les autres pour parler de « puissance des parents », *Elterliche Gewalt* (ainsi le Projet allemand, comme avant lui déjà le Code civil bernois). Ailleurs, le chapitre consacré à cet objet a été intitulé « de l'autorité des père et mère » (ainsi dans le projet de Code civil belge, conformément à l'avant-projet de M. Laurent).

On a donc commencé à s'affranchir de la terminologie romaine en cette matière.

Si nous nous demandons comment il convient de remplacer les mots « puissance parternelle », une expression qui est destinée à disparaître avec l'institution telle que les Romains l'avaient conçue, le terme qui répond le mieux à la situation ne serait-il pas « *Autorité parentale* », un néologisme, il est vrai ; mais le terme est exact, tout en restant concis, un avantage qui n'est point à dédaigner.

LES ATTRIBUTS DE LA PUISSANCE PATERNELLE

Après avoir vu, d'une manière toute générale, ce qu'est la puissance paternelle et quel est son caractère en droit moderne, à qui elle appartient, comment elle peut prendre fin et comment il convient de la débaptiser ; voyons maintenant quel en est le « contenu juridique », c'est-à-dire quels sont les principaux droits qui en résultent : ce qu'on est convenu d'appeler les *attributs* de la puissance paternelle.

Bien entendu, il ne s'agit pas ici d'une étude approfondie de toutes les manifestations de ce pouvoir et des questions qui s'y rattachent, mais d'un simple aperçu de cette institution, en nous plaçant essentiellement au point de vue des « droits de la mère ». Quant aux droits respectifs de l'enfant et du détenteur de l'autorité paternelle ou maternelle, ils ne seront abordés que dans la mesure où la condition légale de la mère s'y trouve plus ou moins impliquée.

On distingue habituellement les attributs de la puissance paternelle : en ce qui concerne la *personne* de l'enfant, et relativement à ses *biens*.

Les attributs de la puissance paternelle quant à la personne de l'enfant sont essentiellement les suivants: 1° droit d'éducation ; 2° droit de garde ; 3° droit de correction ; et, quant à ses biens : 4° droit d'usufruit ou de jouissance légale ; 5° droit d'administration.

Durant le mariage, les droits de la mère sont presque toujours absorbés par ceux du père, auquel seul appartient en général « l'exercice » de la puissance paternelle. Toutefois, cet effacement de la mère est plus ou moins accentué suivant les législations, la loi de quelques pays tenant compte des droits de la mère, même en présence du père, dans une certaine mesure tout au moins.

Après la dissolution du mariage, la mère est le plus souvent appelée à exercer l'autorité en lieu et place du père; mais ses droits, même alors, ne sont généralement pas égaux à ceux qu'avait son époux. A cet égard, il y a du reste des divergences considérables entre les législations : ce que nous retrouverons plus loin.

1° *Droit d'éducation.*

D'après une manière de voir qui tend à disparaître, sans avoir complètement disparu jusqu'ici, le père est légalement le maître en fait d'éducation, c'est-à-dire qu'il est libre d'élever son enfant selon son bon plaisir. C'est ce qu'on peut appeler le point de vue de la « liberté du père de famille », pour nous servir d'une expression qui a cours dans certains milieux.

Cette façon de concevoir les choses a été battue en brèche sur différents points par le fait de l'intervention de l'État dans ce domaine.

On s'est dit : la liberté du père, c'est bien, mais ce n'est pas tout ; il y a les droits et les intérêts de l'enfant ; et puis, la société est elle-même grandement intéressée à l'éducation des générations nouvelles ; enfin, on commence à comprendre que les droits de la mère doivent également être pris en considération.

Tels sont, en effet, les divers éléments qui doivent entrer en ligne de compte : le père, la mère, les enfants, et la collectivité représentée par l'État. Ce qui simplifie un peu la situation, c'est que les intérêts de l'enfant et ceux de la collectivité sont les mêmes, sous plus d'un rapport ; et l'on est arrivé à la conclusion qu'en définitive ces intérêts-là doivent l'emporter sur tout le reste, sans que les droits légitimes des parents puissent d'ailleurs être sacrifiés.

Nous n'avons pas à nous arrêter sur les diverses restrictions qui ont été successivement apportées par la loi à la liberté du père de famille, au point de vue de l'intérêt social et des droits de l'enfant : l'instruction déclarée obligatoire dans la plupart des pays civilisés ; la fixation d'une limite d'âge et d'un maximum d'heures de travail dans les fabriques ; un droit de recours parfois accordé à l'enfant contre telle ou telle décision de ses parents, etc.

Un mot seulement sur ce dernier point.

Plusieurs législations contiennent des dispositions en vertu desquelles l'enfant qui a atteint un certain âge a le droit de recourir, auprès des autorités compétentes, s'il n'est pas d'accord avec la volonté paternelle quant au choix d'une profession.

Il en est ainsi d'après le Code autrichien, le Landrecht prussien, le Code saxon, etc. D'après le Code civil des provinces Baltiques : les parents ont le droit de choisir pour leurs enfants une carrière ou une profession, en tenant compte de leurs aptitudes et autant que possible de leurs goûts, — sauf aux enfants dont les aspirations auraient été méconnues à se pourvoir, après l'âge de dix-sept ans, devant le tribunal compétent, lequel statue après avoir entendu les deux parties.

Mais ce qui nous intéresse plus directement ici, ce sont les dispositions légales en cas de dissentiment entre le père et la mère au sujet de l'éducation de l'enfant.

D'après le plus grand nombre des législations, si ce n'est toutes, en Europe du moins, lorsque les parents diffèrent sur le genre d'éducation qu'il convient de donner aux enfants, c'est la décision du père qui l'emporte, sans que la mère ait généralement autre chose à faire qu'à s'incliner devant la volonté paternelle et maritale. Cela résulte effectivement de la disposition en vertu de laquelle « le père seul exerce l'autorité durant le mariage », une règle qui figure dans presque toutes les lois de l'Europe.

A ce sujet, voici ce que dit le Code civil de Zurich de 1887, une législation plus explicite que d'autres, en matière d'éducation, beaucoup plus explicite surtout que le Code français... qui ne dit rien !

« Les parents ont le droit et le devoir d'élever leurs enfants. Les frais d'entretien et d'éducation incombent en première ligne au père: ils sont, en seconde ligne, à la charge de la mère, si la fortune propre des enfants n'y suffit pas. — L'éducation comprend tout à la fois les soins corporels et spirituels, en vue d'un développement normal de l'esprit et du cœur, en particulier la culture religieuse et morale, l'enseignement scolaire et la préparation à une profession. — Dans le choix d'une profession, les aptitudes et les goûts de l'enfant doivent aussi être pris en considération. — Si le père et la mère ne s'entendent pas sur l'éducation de leurs enfants, ou sur la profession qu'il convient de leur donner, c'est au père que restera le dernier mot. — Le même principe s'applique à l'éducation religieuse d'enfants issus de mariages mixtes. Les époux ne sont pas liés par les engagements qu'ils peuvent avoir pris avant ou durant le mariage d'élever leurs enfants dans une confession déterminée. — L'enfant parvenu à l'âge de discernement (16 ans) a le droit de se rattacher librement, d'après ses propres convictions, à telle confession religieuse que bon lui semble. » (Art. 654 à 659.)

La solution donnée par le Code zurichois pour le cas de dissentiment entre le père et la mère se retrouve plus ou moins explicitement formulée dans la plupart des législations de notre continent.

Il faut signaler toutefois la disposition suivante du Code civil des provinces Baltiques : « Si la mère est convaincue que la volonté du père soit de nature à préjudicier aux enfants, elle peut s'adresser à l'autorité judiciaire, qui, dans ce cas, pourra lui confier à elle-même l'éducation des enfants. » (Lehr, *Éléments de droit civil russe*, t. Ier, p. 94.)

Un droit de recours formellement reconnu à la mère en cas d'abus d'autorité de la part du père, abus d'autorité qui serait de nature à nuire aux intérêts de l'enfant ou à méconnaître les justes droits de la mère : voilà une disposition digne d'attirer l'attention, et qui mérite assurément de passer du Code Baltique dans tous les autres.

Il semble d'ailleurs que le principe qui a dicté la loi française du 28 juillet 1889 conduit tout naturellement à cette conclusion. Du moment, en effet, que la déchéance de la puissance paternelle peut être prononcée contre le père qui méconnaît ses devoirs ou qui abuse de ses droits, n'est-il pas logique d'admettre que cette autorité peut être limitée, dans certains cas, au profit de la mère, alors que celle-ci a de bonnes raisons à faire valoir à l'appui de sa demande?

La femme a-t-elle, oui ou non, le droit d'élever la voix quand il s'agit du fruit de ses entrailles? Si l'organisation actuelle de la famille ne permet pas de confier à la mère des droits égaux à ceux du père, en ce qui concerne l'éducation des enfants, la justice la plus élémentaire exige tout au moins l'introduction de ce « droit de recours » au profit de la mère.

2° *Droit de garde.*

Aussi longtemps qu'il est mineur, l'enfant ne peut quitter la résidence qui lui est assignée par le détenteur de la puissance paternelle sans la permission de celui-ci : une règle qui est édictée et sanctionnée, d'une manière ou d'une autre, par la loi du plus grand nombre des pays.

Il y a toutefois une exception à cette règle en France, où le mineur parvenu à l'âge de vingt ans (autrefois dix-huit ans) peut contracter un engagement volontaire sans avoir besoin de l'autorisation de ses père ou mère. (C. civ., art. 374.)

Cette exception au droit de garde a été abolie en Belgique dès 1870, et dans le royaume d'Italie en 1882. Dans ces deux pays, dont les lois contenaient jadis une disposition analogue à celle du Code Napoléon sur le point dont il s'agit, l'enfant doit être majeur, c'est-à-dire âgé de vingt et un ans, pour pouvoir s'enrôler sans le consentement de ses parents; ce qui est certainement beaucoup plus rationnel.

En Espagne, où la majorité est actuellement fixée à vingt-trois ans, les enfants qui n'ont pas atteint l'âge de vingt-cinq ans ne peuvent abandonner la maison paternelle sans le consentement du père ou de la mère avec qui ils vivent, si ce n'est pour prendre un état, à moins que leur père ou leur mère n'ait contracté un nouveau mariage. (C. civ. esp., art. 321.)

Rien de particulier à relever dans les autres législations, en ce qui concerne le droit de garde, dont l'organisation n'offre d'ailleurs pas d'intérêt spécial au point de vue des droits de la mère.

3° *Droit de correction.*

Comme sanction de la puissance paternelle et sous le nom de « droit de correction », un certain nombre de législations donnent aux parents le pouvoir de faire emprisonner l'enfant sur la conduite duquel ils ont de graves sujets de mécontentement.

Le Code civil français, qui se montre si sobre de dispositions en matière d'éducation, s'étend avec une complaisance extrême sur le droit de correction : sur les dix-sept articles (371 à 387) dont se compose le Titre

« de la puissance paternelle », il y en a neuf qui sont consacrés à ce sujet !

Le Code français établit d'ailleurs une différence considérable entre les pouvoirs qu'il accorde au père, à cet égard, et ceux qu'il reconnait à la mère, lorsque c'est elle qui exerce l'autorité sur les enfants après la mort de son mari.

Une veuve ayant nécessairement plus de peine à imposer son autorité à un enfant rétif et récalcitrant, la loi lui facilitera sans doute l'exercice du droit de correction, tandis que le père qui a moins besoin d'y recourir ne le pourra que plus difficilement... Eh bien ! c'est tout juste le contraire !

Le *père* qui veut faire détenir son enfant peut agir par voie d'autorité ou par voie de réquisition, suivant certaines distinctions que voici :

Le pouvoir du père peut s'exercer « par voie d'autorité », c'est-à-dire en requérant du président du tribunal un ordre d'arrestation que celui-ci doit délivrer sans avoir à contrôler les motifs qui font agir le père : lorsque l'enfant récalcitrant n'a pas dépassé quinze ans, qu'il n'exerce pas un état et qu'il n'a pas de biens personnels ; pour que le père puisse agir ainsi, il faut de plus qu'il ne soit pas remarié.

Le père ne peut agir que « par voie de réquisition », c'est-à-dire en sollicitant du président un ordre d'arrestation que celui-ci peut refuser si les motifs allégués lui paraissent insuffisants : lorsqu'il s'agit d'un enfant qui a dépassé quinze ans, qui exerce un état ou qui a des biens personnels, ou bien si le père est remarié.

Quant à la *mère*, lorsqu'à défaut de son mari c'est elle qui exerce la puissance paternelle : elle ne peut jamais agir que par voie de réquisition, et encore faut-il pour cela qu'elle ait l'assentiment des deux plus proches parents de l'enfant; en outre, si elle est remariée, elle perd complètement ce droit de correction sur ses enfants du premier mariage.

Pourquoi ces restrictions aux droits de la mère, alors qu'il y aurait au contraire de bonnes raisons, semble-t-il, pour lui faciliter plutôt l'exercice du droit de correction, lorsqu'il y a lieu de recourir à ce moyen?

Il vaut la peine de citer les raisons alléguées par quelques jurisconsultes pour justifier la différence de traitement auquel les mères sont soumises : « La faiblesse de leur jugement et le caractère d'emportement assez ordinaire à ce sexe empêche qu'on puisse compter sur le jugement de la mère comme sur celui du père. » (Ainsi s'exprimait Pothier, au XVIIIe siècle.) — « Le législateur n'a pas jugé que le caractère de la mère, souvent mobile et passionné, offrît la garantie d'une appréciation toujours calme et froide. » (Valette.) — « La loi se méfie du caractère féminin, porté quelquefois aux exagérations, et qui pourrait attacher trop d'importance à des fautes légères. » (M. Colmet de Santerre.)

Franchement... mais n'insistons pas : les plus mauvaises causes trouvent des avocats; et il y aura toujours des juristes prêts à soutenir la perfection du Code civil, que l'univers admire, et sur lequel il serait sacrilège de porter la main! — Cela n'empêche pas que la France est actuellement le seul pays civilisé à posséder un système pareil.

D'après le Code civil italien (art. 220 et suivants), le droit de correction appartient au détenteur de la puissance paternelle, sans différence entre le père et la mère. Une autorisation du président du tribunal est d'ailleurs toujours nécessaire.

La loi genevoise du 20 mai 1891 sur la puissance paternelle suit un système analogue. Il en est de même d'après le Projet de Code civil belge.

En Espagne, pas de différence non plus entre les droits du père et ceux de la mère à cet égard. Mais il suffit de l'ordre de celui qui exerce l'autorité, avec le visa du juge, pour que la détention puisse avoir lieu. (C. civ. esp., art. 156, 157.)

Le Code civil de Zurich (662) et le Projet allemand (1504) se bornent à dire que l'autorité compétente doit prêter son concours aux parents pour leur faciliter les mesures disciplinaires nécessitées par les circonstances. Mais il n'est pas fait mention d'un droit de faire emprisonner l'enfant. Sauf erreur, il en est de même en Angleterre.

Au point de vue rationnel, à supposer que ce droit de correction doive être maintenu dans la loi : jamais il ne doit pouvoir être exercé « par voie d'autorité », ni par le père ni par la mère. Lorsqu'il s'agit de mettre en prison un enfant, n'est-ce pas le moins que l'autorité judiciaire ait son mot à dire? Et quant au reste, on ne voit pas pourquoi la loi ferait une différence entre les deux parents à cet égard.

Mais en voilà assez à propos d'un attribut de la puissance paternelle sur lequel le Code français nous a forcés de nous arrêter plus que de raison. — Et, après avoir examiné les droits des parents relativement à la personne de l'enfant, nous passons à ceux qui concernent ses biens : droit d'usufruit et droit d'administration.

4° *Droit d'usufruit.*

D'après la législation d'un grand nombre de pays (France, Allemagne, Italie, etc.), la puissance paternelle confère à celui des père ou mère qui en est investi un droit de jouissance ou d'usufruit sur les biens de l'enfant, sauf à l'égard de certains biens déterminés qui y sont expressément soustraits.

Mais il n'en est pas partout de même. C'est ainsi qu'en Russie et en Angleterre la loi n'accorde aucun droit de cette espèce aux parents sur les biens de leurs enfants. — Voilà une première et capitale divergence en cette matière. Il en est d'autres encore.

« Le père, durant le mariage, et après la dissolution du mariage, le survivant des père et mère, auront la jouissance des biens de leurs enfants jusqu'à l'âge de dix-huit ans accomplis, ou jusqu'à l'émancipation qui pourrait avoir lieu avant l'âge de dix-huit ans. »

Ainsi s'exprime l'article 384 du Code civil français.

Remarquons d'abord, en passant, que le Code italien et le Projet allemand ne font pas cesser cet usufruit lorsque l'enfant a atteint l'âge de dix-huit ans; d'après ces législations, il s'étend jusqu'à la majorité de l'enfant, soit jusqu'à vingt et un ans. Ce qui est peut-être plus simple et plus naturel, une fois qu'on admet l'existence de ce droit.

Mais laissons là cette question des droits respectifs de l'enfant et de ses parents, pour examiner ce qui a trait aux droits de la mère comparés à ceux du père sur le point dont il s'agit.

Durant le mariage, c'est donc au père seul qu'appartient, d'après le Code français, l'usufruit des biens de l'enfant mineur. Telle est aussi la règle admise par la plupart des autres législations. Toutefois le Code civil du canton de Neuchâtel (art. 275) contient une disposition qui paraît plus conforme aux principes d'une véritable communauté conjugale : « Le père et la mère, durant le mariage, auront la jouissance des biens de leurs enfants. »

Ce droit de jouissance ne reçoit d'ailleurs pas souvent son application pendant le mariage, car un enfant mineur qui a encore ses deux parents ne possède qu'assez rarement des biens personnels. Généralement ce droit ne prendra naissance qu'à la mort du père ou de la mère, l'enfant devenant l'héritier du défunt, et le parent survivant ayant alors la jouissance des biens recueillis par l'enfant dans la succession de l'époux prédécédé.

Il est un autre cas dans lequel le Code civil français ne tient pas la balance égale entre les deux parents dans ce domaine. « Cette jouissance cessera, dit l'article 386, à l'égard de la mère dans le cas d'un second mariage. » Une disposition analogue figure également dans le Projet allemand (1558).

D'après le Code civil italien, au contraire (art. 232), d'accord sur ce point avec l'ancien droit français (avec l'article 268 de la Coutume de Paris tout au moins) : « l'usufruit légal cesse par le décès de l'enfant et par le second mariage de ses père ou mère ». Une solution assurément beaucoup plus équitable, les raisons de faire cesser l'usufruit étant en effet les mêmes dans les deux hypothèses. — A moins qu'on ne préfère admettre, avec le code neuchâtelois, que le remariage n'est pas de nature à rien changer au droit de jouissance qui appartient au parent survivant (père ou mère) sur les biens des enfants issus du premier mariage : ce qui est une manière différente de respecter aussi l'égalité.

Quant à la question de savoir si la solution adoptée par le droit russe et par le droit anglais vaut mieux que celle du droit français, allemand ou italien ; c'est-à-dire s'il est préférable d'accorder aux parents un droit de jouissance légale sur les biens de leurs enfants, ou non : il est permis d'hésiter. Mais, dans tous les cas, il n'y a pas de bonnes raisons pour traiter différemment le père et la mère en ce qui concerne ce droit d'usufruit.

5° *Droit d'administration.*

En vertu de la puissance paternelle, le père a le droit et le devoir de représenter ses enfants dans les actes de la vie civile et d'administrer leurs biens, le cas échéant.

En tant qu'administrateur des biens de l'enfant mineur, le père a des pouvoirs plus ou moins étendus, suivant les législations. A cet égard, il y aurait de notables divergences à mentionner; mais c'est un sujet que nous laisserons de côté. — (Voir Code civil français, art. 389 ; Code civil italien, art. 224 ; Projet allemand, art. 1503, 1511.)

Quant à la mère, après la dissolution du mariage par la mort du père, sa position varie du tout au tout, suivant les règles en vigueur dans les divers pays en ce qui concerne la « tutelle ».

D'après le droit actuellement en vigueur dans plusieurs contrées de l'Allemagne (Prusse, Saxe, etc.), en Autriche et dans un grand nombre de cantons de la Suisse (Zurich, Saint-Gall, Grisons, Vaud, Valais, etc.) : à la mort de son père, l'enfant reçoit un « tuteur », malgré la présence de la mère dont l'autorité se trouve alors singulièrement amoindrie, si ce n'est effacée, spécialement en ce qui concerne le droit d'administration.

Ailleurs, la législation s'est montrée plus respectueuse des droits de la mère. Ainsi : en France, en Italie, d'après le Projet allemand, dans une partie de la Suisse, etc. — Sur ce point, le Code civil français, dont les dispositions sont habituellement si contraires aux droits de la femme, se montre animé d'un esprit relativement égalitaire et libéral. Du reste, il convient de le remarquer, le droit français n'est défavorable à la femme qu'en tant qu'elle se trouve en présence de l'homme; or, tel n'est pas ici le cas, puisqu'il s'agit de la condition de la veuve.

Toutefois, même d'après ces dernières législations (France, Italie, Projet allemand), les droits de la mère ne sont pas égaux à ceux du père.

C'est ainsi que, d'après l'article 391 du Code civil français, le père peut nommer à la mère survivante et tutrice un *conseil* spécial, soit un conseiller, sans l'avis duquel elle ne pourra faire certains actes relatifs à la tutelle.

D'après l'article 235 du Code italien, « le père peut, par testament ou par acte authentique, imposer des *conditions* à la mère survivante pour l'éducation des enfants et pour l'administration de leurs biens ».

Et le Projet allemand statue : « Le tribunal tutélaire devra donner un *conseil* à la mère : 1° lorsque le père l'aura ainsi ordonné ; 2° lorsque la mère le demande ; 3° lorsque le tribunal tutélaire, en raison de l'étendue et des difficultés spéciales de l'administration, l'estimera nécessaire dans l'intérêt des enfants. »

Rationnellement, la loi ne doit restreindre les droits de la mère veuve que dans la mesure où elle juge opportun de restreindre également les droits du père veuf. Tel est le principe qui est appelé à prévaloir dans ce domaine, et qui finira très probablement par l'emporter tôt ou tard dans la législation de tous les pays civilisés.

Et maintenant, quelques considérations générales pour terminer cette étude sur les droits de la mère.

Dans son cours de droit naturel, l'éminent juriste et philosophe Ahrens dit fort bien : « La direction des affaires de la société matrimoniale ou le pouvoir familial appartient aux deux époux ; la position de la femme dans la famille est égale à celle de l'homme, quoique les fonctions soient différentes. » Et ailleurs : « Il n'existe pas de puissance exclusivement paternelle : la puissance appartient à la fois au père et à la mère. » — Tel est le vrai point de vue.

Il est temps que la loi, qui a commencé à tenir compte des droits de l'enfant et à les garantir en cas de nécessité envers et contre les parents, tienne également compte des droits de la mère envers et contre le mari lorsqu'il y a lieu.

Sans doute, il faut de l'unité dans la direction de la famille. Et cette direction doit appartenir en première ligne à celui auquel incombe la plus grande part de responsabilité. Mais ce n'est pas une raison pour annuler la mère en présence du père. Est-il juste que les dissentiments possibles entre les parents soient réglés d'avance, une fois pour toutes et toujours de la même manière, c'est-à-dire en imposant silence à la mère? — *Tacet mater in familia* : une triste philosophie du droit de famille !

Pour répondre à l'objection : mais il faut bien que dans une société de deux personnes le dernier mot appartienne à l'un des deux, — je me bornerai à constater qu'il y a moyen pour la loi, dans certains cas du moins, de trancher les difficultés sans inégalité de traitement entre le père et la mère.

La question du consentement des parents au mariage de leurs enfants nous fournit un exemple particulièrement caractéristique à cet égard.

En droit français « l'homme avant dix-huit ans, la femme avant quinze ans, ne peuvent contracter mariage ». A partir de ce moment, ils ont l'âge de nubilité. Mais jusqu'à vingt-cinq ans s'il s'agit d'un fils, jusqu'à vingt et un ans s'il s'agit d'une fille, l'enfant ne peut se marier sans avoir obtenu le consentement de ses père et mère, ou celui de ses autres ascendants. C'est donc à vingt-cinq ans seulement que l'homme atteint, en France, sa « majorité matrimoniale ».

Il en est de même en Allemagne et en Italie; tandis qu'en Suisse, en Angleterre et dans d'autres pays encore, une fois qu'on est « majeur » on l'est aussi pour le mariage.

Le consentement des père et mère est requis par la loi française, mais elle ajoute aussitôt : « en cas de dissentiment, le consentement du père suffit ». La volonté du père l'emporte ainsi dans tous les cas, qu'il consente ou qu'il refuse. Quant au consentement de la mère, il ne figure que pour la bonne façon; car il ne tire pas à conséquence, aussi longtemps du moins que le père est en vie.

Lorsque les père et mère sont morts l'un et l'autre, le droit de consentement au mariage passe aux ascendants. — Le Code français décide que dans chaque ligne, paternelle et maternelle, l'aïeul l'emporte sur l'aïeule. Mais s'il y a dissentiment entre les deux lignes (les grands-parents paternels disent oui, tandis que les grands-parents maternels disent non, ou l'inverse) : ce partage emporte consentement, et l'enfant peut passer outre et se marier.

Si la loi française avait voulu tout à la fois respecter les droits de la mère et favoriser la formation des mariages, au lieu de les entraver comme elle le fait par toute sorte d'obstacles et de formalités, rien de plus simple : elle aurait décidé qu'en cas de dissentiment entre le père et la mère ce dissentiment emporterait consentement, alors du moins qu'il s'agit d'un enfant majeur de vingt et un ans ; jusqu'à cet âge, le consentement du père et celui de la mère auraient été déclarés nécessaires. L'avis de la mère vaut bien celui du père en pareille matière.

En Suisse, d'après la loi fédérale de 1874 sur l'état civil et le mariage, à partir de l'âge de la majorité, c'est-à-dire à partir de vingt ans, un fils ou une fille peuvent se marier sans avoir légalement besoin d'aucune autorisation. Avant cet âge, l'autorisation de celui des parents qui exerce la puissance paternelle est requise ; mais en cas de dissentiment entre le père et la mère, c'est l'avis du premier qui l'emporte. — Dans un pays où les mariages peuvent se conclure dès l'âge de vingt ans, sans que le consentement des parents soit nécessaire, il serait certainement juste d'exiger jusqu'à cet âge le consentement du père et celui de la mère.

On arriverait ainsi à la solution rationnelle que voici : Jusqu'à sa majorité, il faut à l'enfant qui veut se marier le consentement de son père et celui de sa mère. A partir de cet âge (si l'on croit d'ailleurs devoir décréter une majorité matrimoniale plus tardive que la majorité ordinaire), en cas de dissentiment, l'avis de celui des père et mère qui est consentant doit être prépondérant.

Cet exemple nous montre, n'est-il pas vrai, qu'il y a moyen de trancher légalement les difficultés, dans certains cas du moins, sans sacrifier les droits de la mère à ceux du père, et sans avoir à recourir à l'autorité judiciaire pour départager les voix.

S'il est un être dont les droits soient sacrés et que la loi doive entourer de considération, c'est assurément la mère de famille ! Et si les mots « l'enfant doit honneur et respect à ses père et mère » (C. civ., art. 371) ne sont pas une vaine formule, un de ces misérables « trompe-l'œil » dont parlait Acollas à propos de la communauté, la loi doit donner à la mère et lui garantir le droit de faire entendre sa voix et de se faire écouter, dans la famille tout au moins si ce n'est dans l'Etat.

CONCLUSIONS

1. Effacer de la loi « la femme doit *obéissance* à son mari »; tout en conservant le principe que le mari est le « chef de la famille », aussi longtemps du moins qu'il remplit les obligations qui lui incombent à l'égard des siens.

2. Egalité de traitement des deux époux au point de vue de la *fidélité* conjugale, dans le domaine du droit pénal comme en droit civil.

3. Reconnaître à la femme mariée sa pleine et entière *capacité* civile, en faisant disparaître la nécessité de l'autorisation maritale et les autres institutions restrictives de sa liberté d'agir.

4. Qu'une sanction légale soit donnée à la disposition du code en vertu de laquelle le mari doit *entretenir* sa femme et ses enfants.

5. Adopter comme régime légal et de droit commun celui de la *séparation de biens*, ou de l'indépendance mutuelle des époux, le principe de la liberté des conventions matrimoniales étant d'ailleurs consacré par la loi.

6. Dans tous les cas, et quel que soit le régime quant aux biens, reconnaître et garantir à la femme mariée la libre disposition du *produit de son travail.*

7. Donner un fort droit de *succession* au conjoint survivant, le premier des successeurs, de manière à remplacer les avantages résultant du partage de la communauté ; une « réserve » lui étant assurée par la loi, sous une forme ou sous une autre.

8. Remplacer les mots « puissance paternelle » par *autorité parentale*. Reconnaître les droits de la mère à côté de ceux du père ; et spécialement qu'un « droit de recours » lui soit accordé par la loi, en cas d'abus d'autorité de la part du père.

9. Lorsque l'autorité parentale lui est dévolue, que la mère soit légalement traitée comme le père, en ce qui concerne les *attributs de l'autorité parentale :* droits d'éducation, de garde, de correction, d'usufruit et d'administration.

10. A la mort du père, la mère doit être *tutrice* de plein droit de ses enfants mineurs, sans qu'il puisse être porté atteinte à ses droits maternels par des mesures qui ne seraient pas également applicables au père en cas de prédécès de la mère.

11. Que les femmes en général, mariées ou non, puissent être nommées tutrices et membres d'un conseil de famille : la *tutelle* cessant d'être envisagée comme une charge dont la femme soit déclarée incapable à raison de son sexe.

12. Abrogation des dispositions légales qui excluent les femmes du droit de servir de *témoins* dans les divers actes publics et privés.

TABLE DES MATIÈRES

ÉVREUX, IMPRIMERIE DE CHARLES HÉRISSEY

RED. :

14

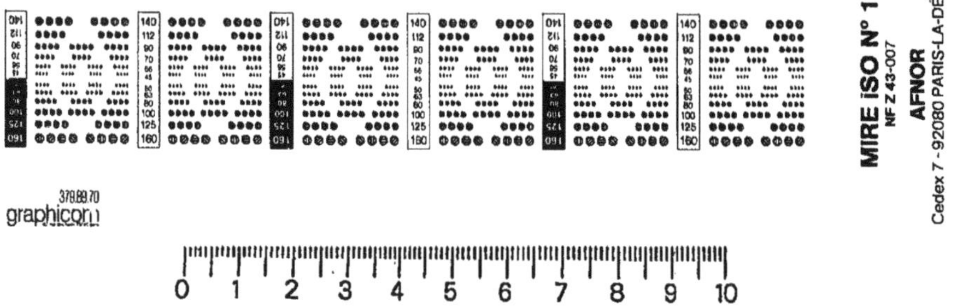

www.ingramcontent.com/pod-product-compliance
Ingram Content Group UK Ltd.
Pitfield, Milton Keynes, MK11 3LW, UK
UKHW020330230726
13925UKWH00002B/716

9 782019 233716